SÜDMÄHREN, ANTLITZ EINER DEUTSCHEN LANDSCHAFT

ISBN 3-927498-10-6
3. Auflage (1990)

Copyright 1986 by Südmährischer Landschaftsrat, Geislingen/Steige
Gesamtherstellung: C. Maurer Druck und Verlag, Geislingen/Steige
Einbandentwurf: Wolfgang Znaimer/Zlabings/Kirchheim/Teck

HERBERT WESSELY

SÜDMÄHREN, ANTLITZ EINER DEUTSCHEN LANDSCHAFT

BILDBAND

HERAUSGEGEBEN
VOM SÜDMÄHRISCHEN LANDSCHAFTSRAT
GEISLINGEN/STEIGE

JOSEF LÖHNER

dem verdienten Landschaftsbetreuer Südmährens zum Gedenken

VORWORT

Auf vielseitigen Wunsch wurde der von Herbert Wessely textlich gestaltete und im Namen des Landschaftsrates 1967 herausgegebene Bildband „Südmähren, Antlitz einer deutschen Landschaft" neu aufgelegt.

Diese 2. Auflage wurde ergänzt und um mehrere Kurzbiographien von inzwischen verstorbenen Mitarbeitern erweitert.

Das Werk geht bewußt über den Rahmen eines Bildbandes hinaus. Der umfangreiche Textteil gibt anschaulich Auskunft über Land und Leute, Mundart, Geschichte und Schicksal Südmährens. Der Stil reicht oft in poetische Bezirke mit eingestreuten Gedichten namhafter südmährischer Autoren.

Die Geschichtstafeln und Ortsverzeichnisse, für die der Kulturreferent des Südmährischen Landschaftsrates, O.-Stud.-Dir. Walfried Blaschka verantwortlich zeichnet, sind weit mehr als nüchterne Tabellen. Sie untermauern die Ausführungen im Textteil und geben bei aufmerksamen Studium Aufschluß über das wechselvolle, schwere Geschick dieses Grenzlandes. Die Bilder – es sind mehr als 550 – geben eine umfassende Schau über das Land an der Thaya! Selbst der Kenner unserer Heimat wird von der Fülle und dem Reichtum an schönen Bauten und ehrwürdigen Kunstdenkmälern überrascht sein.

Es haben sich aber seinerzeit auch ungezählte Südmährer mit Bildern aus ihrem eigenen Besitz – oft über Gefangenschaft und Vertreibung hinweg gerettet – beteiligt. Der Verfasser ist dankbar, daß ganz Südmähren an diesem Bildband mitgearbeitet hat.

Dem Schriftsteller Herbert Wessely bin ich zu Dank dafür verbunden, daß er die Neuauflage gestattete und einige Änderungen vornahm. Der Südmährische Landschaftsrat sieht dieses Werk als erstklassiges Dokument unserer südmährischen Heimat an, das in keiner südmährischen Familie und auch nicht bei der jüngeren Generation fehlen sollte.

Ich wünsche der Neuauflage dieselbe herzliche Aufnahme wie der Erstausgabe.

Geislingen, im Juni 1986

Franz Longin
Landschaftsbetreuer

Vorwort zur 3. Auflage

Durch die Vertreibung aus der Heimat in den Jahren 1945/46 wurden die Bewohner über mehrere Länder zerstreut, über Generationen gewachsene menschliche Bande zerrissen. Aber die Menschen suchten sich Zentren der einstigen Gemeinschaften, Stätten des Begegnens und des Gedenkens zu schaffen. So entstanden in Niederösterreich entlang der Grenze zur Heimat Südmähren mehrere Denkmäler, Heimatstuben und Museen: Sie gehören zur heutigen Darstellung Südmährens, und das soll auch in diesem Buch dokumentiert werden.

Die Bilder des Buches zeigen das deutsche Siedlungsgebiet Südmährens, wie es bis zur Vertreibung bestand. In den seither vergangenen viereinhalb Jahrzehnten haben sich viele der dargestellten Anblicke verändert, oft von Grund auf. So ist das Buch nicht nur ein Buch der Erinnerung, sondern es besitzt einen hohen dokumentarischen Wert über Gewesenes. Die verbesserte dritte Auflage enthält im Anhang die Bilder südmährischer Gedenkstätten.

Ich wünsche auch der dritten Auflage eine gute Aufnahme in den südmährischen Familien, bei ihren Nachkommen und den Freunden unserer Heimat Südmähren.

Geislingen/Steige, im Februar 1990

Franz Longin
Landschaftsbetreuer

SÜDMÄHREN – ANTLITZ EINER DEUTSCHEN LANDSCHAFT

Wenn ich an das helle, übersonnte Thayaland denke, fällt es mir schwer, mich zugleich auch an das tragische Geschehen vor nun schon mehr als zwei Jahrzehnten zu erinnern. Unser Wesen ist so sehr von dieser maßvoll-heiteren Landschaft geformt, daß auch dieser Bildband der Spiegel einer unzerstörten Heimat sein soll.

Manche Bilder wurden vor dem Zugriff der Vertreiber durch das Elend auf fremden Straßen und in den Lagern gerettet. Sie sind im üblichen Sinne nicht schön geblieben. Zerknittert wie ein altes Gesicht, reden sie eine deutliche Sprache von wahrer Heimatliebe, aber auch von Not und Verzicht. Wer es weiß, wie die Vertreibung vor sich ging, dem erscheint es wie ein Wunder, daß überhaupt noch so viele Bilder gerettet wurden. Aufnahmen besonders jener Orte, die heute nicht mehr bestehen und von denen auch in Archiven keine Lichtbilder zu finden sind.

Man kann ohne Einschränkung sagen, ganz Südmähren hat an diesem Bildband mitgearbeitet. Wie bei einem Mosaik wurde Bild zu Bild zusammengetragen. Und nun steht neben dem prachtvollen Herrensitz und ehrwürdigen kunstvollen Kirchen, neben dem reichgeschmückten Renaissance-Bürgerhaus und Ratsgebäude auch das einfachste bäuerliche Anwesen in einem schlichten Dorf irgendwo am Rande des Deutschtums. Denn sie alle ergeben erst, wenn sie mit dem Bild der Landschaft verbunden werden (die keiner ganz zerstören kann), die umfassende Schau der Heimat, wie wir sie kannten.

DIE LANDSCHAFT

Wer die Landschaft, der man den Namen Südmähren gab, deuten will, dem wird es schwerfallen, ihre Vielfalt so reich und unterschiedlich zu schildern, wie sie wirklich war. Es genügt nicht nur zu sagen: Die Heimat war schön. War sie dies wirklich im üblichen Sinn? Gerade wo sie am fruchtbarsten und dichtbesiedeltsten ist, wellt sich das Land leicht, wenig von Wäldern und Bergen unterbrochen und nur von den Rechtecken der grünbraunen Feldgebreite überzogen. Es war die stille und maßvolle Schönheit einer mütterlichen Landschaft. — Mais-, Getreide-, Rüben- und Kartoffeläcker schieben sich zwischen Weingärten, Gurken- und Tomatenfelder. Dazwischen die langen Reihen der Obstbäume. Auch entlang der Straßen bieten Kirschen-, Äpfel- und Pflaumenbäume freigebig ihre Früchte an. Noch an den trockensten Lehnen und Hängen blühen Hagebutte und Schlehdorn. Manchmal wächst, inmitten des fruchtbaren Landes, unvermittelt wilde Heide mit gelbblühendem Ginster und Wacholder. Neben Birken gedeihen dort nur noch die kleinen Vogelkirschen und Holzäpfel.

Ist im Osten des Thayalandes der Winter schneearm und kurz von Dauer, im waldigen Westen, besonders im hochgelegenen Neubistritzer Ländchen und im Gebiet um Zlabings, bringt er manchmal meterhohen Schnee und langanhaltenden Frost.

Wenn meine Gedanken heimwärts wandern, so steigt vor meinem inneren Auge Südmähren, das Land an der Thaya, deutlicher aus dem Nebel der Zeit, als wenn ich mitten auf seinem Boden stünde. Ich sehe es vor mir ausgebreitet, mit dem Tuch seiner Ackerfluren, den Weingärten und seinen bescheidenen, waldbedeckten Bergen.

Die Landschaft ist maßvoll. Nicht zu hoch hinaus, aber auch nicht flach wie ein Tisch. Kaum allzu waldreich, außer im westlichen Teil, denn es ist altes Bauernland und doch auch genug von den wasserspendenden Wäldern bedeckt.

Städte und Dörfer fügen sich harmonisch in die Landschaft, der Schlösser und Burgen, Klöster und Kirchen eigenartigen und unverwechselbaren Reiz verleihen. Ihre freundlichen Auen durcheilt kein großer Strom, nur ein bescheidenes Gewässer mit seinen Fluß- und Bachtrabanten, aber er gibt dem Lande das besondere Gesicht, dieser seltsame Zwillingsfluß — Thaya. Schon der Name ist wie ein Geheimnis.

Südmähren zieht sich als schmales Band, in der gleichen Länge wie die Thaya, entlang der mährisch-österreichischen Grenze. Es ist seit jeher mit der Tragik eines Grenzlandes behaftet und hat ein Zwiegesicht. Im Quellgebiet des Flusses, dem südlichen Teil der böhmisch-mährischen Höhe mit seiner Teichlandschaft und dem Waldviertel, trägt es das Gepräge eines rauhen Waldlandes. Es umfaßt das Neubistritzer und das Zlabingser Ländchen und reicht bis Fratting. Besonders dieses Gebiet ist reich an Burgen, Schlössern und landschaftlichen Schönheiten. Um den Mittel- und Unterlauf der Thaya dagegen breitet sich fruchtbares Ackerland aus, wo neben Weizen, Mais und Tafelobst ein guter, seit alters her geschätzter Wein wächst.

Verstohlen und ungewiß fängt der Fluß an. Er kommt aus vielen weit auseinanderliegenden Quellen. Es ist schwer, die richtige herauszufinden. Daß seine Geburtsstube wasserreich sein muß, ist bei einem Fluß selbstverständlich. Und die Doppelwiege der Thaya ist jeweils eine solche Landschaft. Gleichermaßen in Mähren bei Teltsch, wo sie aus den Teichen um Guttenbrunn und von Stannern her auch vom Michelsberg Zuflüsse hat, wie ihr Zwillingsbruder im niederösterreichischen Waldviertel um Waidhofen. Der Wald und die Teiche nähren den Fluß. Die Berge mit ihrem harten oder weicheren Gestein bestimmen seinen Weg.

Die deutschen Siedler gingen seinem Lauf und dem der Nebenflüsse und Bäche nach, weit hinein in das einst menschenleere Land. So künden im slawisch besiedelten Raum manche Ortsnamen auch heute noch von ihnen. Die Siedler brachten nicht nur die stählerne Axt und Säge, sie führten auch den Eisenpflug mit, zu dem noch heute die Tschechen „Pluh" sagen. Auch die Namen der neugegründeten Orte spiegeln, besonders in diesem Teil des Landes, der von Raabs aus besiedelt wurde, die Namen ihrer Herkunftsorte wider. So gibt es bei Dobersberg ein Rudolz, wie es im Zlabingser Ländchen etwas abgewandelt den Ort Rudoletz gibt. Und es liegt ein Bernschlag bei Altstadt wie bei Allensteig. Motten bei Neuhaus hat einen Bruderort nahe um Heidenreichstein und der Name beggegnet zum drittenmal bei Kautzen, nahe an der Grenze. So ist es bei den meisten Orten des Neubistritzer Ländchens. Wir sehen gleichsam die zweiten und dritten Söhne, denen es auf ihren Waldhufen zu eng geworden war, auf Landsuche ausziehen. Sie machten sich mit ihrem Wagenzug wie zu einer großen Fahrt ins Ungewisse auf und fanden doch schon nach wenigen Wegstunden an einem Bach oder Weiher die Stelle, wo sie bleiben wollten. Und gaben der Neugründung den Namen ihres Herkunftsortes. Wenn sie aber im Waldland auf Menschen des anderen Volkes trafen, nahmen sie ohne zu zögern den schon bestehenden slawischen Namen für ihre neue Siedlung an. Sie kamen ja als Nachbarn zu Nachbarn. Man verständigte sich, wenn man sich auch nicht gleich verstand, durch Zeichen und Gebärden. Der Neid und das Nichtverstehenwollen drängten sich erst viel später zwischen die friedlichen Völker. So wuchsen hier im wilden Waldland kleine Weiler, Dörfer und auch Städte weitum im Schönteichgau, wie man ihn später nannte, hingelagert zwischen Wald und Gewässer, in eine Landschaft, die harte Fäuste und feste Herzen verlangt. Denn weder das rauhe Land noch dessen wechselvolle Geschichte machten es den Menschen jemals leicht.

Wie die Stadt Zlabings, so hatten auch Neubistritz und Neuhaus, besonders aber die Bergfeste Landstein die alten Salzstraßen und Verkehrswege, die durch das Waldland nach Norden führten, zu schützen. Die Namen der Berge wie der Wachtberg (600 m — es gibt mehrere Wachtberge in diesem Gebiet) bei Zlabings und der Markstein, auch Hoher Stein genannt (730 m), bei Kaltenbrunn, geben davon Kunde.

Die östlichen Gewässer der Neubistritzer Landschaft führen ihre Abflüsse der sogenannten deutschen Thaya zu nach Österreich. Sie kommt ihnen geradezu entgegen, ehe sie sich nach Osten Raabs zuwendet. Anders ist es im Zlabingser Ländchen. Die mährische Thaya, aus Norden kommend, tritt zwischen Datschitz und Althart bei Urbantsch auf dieses Gebiet. Zlabings selbst liegt aber weitab vom Fluß, denn Aufgabe der Stadt war es, den alten Salzsteig, der bald eine wichtige Verkehrsstraße wurde, die Böhmen und Mähren mit Österreich verband, zu bewachen. Die durch die Weberei (Tuche und Leinen) reich gewordenen Bürger haben ihrem Städtchen eine bauliche Pracht verliehen, wie sie so einheitlich heute kein anderes und viel größeres Gemeinwesen unserer Heimat mehr aufzuweisen hat.

Erst jetzt empfinden wir im vollen Umfang den Verlust dieses Kleinods der Renaissance. Gibt es auch andernorts Kirchen und Schlösser, Burgen und Rathäuser von großer Stilreinheit und Pracht, nirgends ist das Gepräge der Orte in der Gesamtheit so rein erhalten wie in Zlabings. Davon ist an anderer Stelle noch zu berichten.

Um aber dem seltsamen Weg des Zwillingsflusses weiter zu folgen, kommen wir nach Piesling, südöstlich von Zlabings, wo die mährische Thaya in südlicher Richtung das Land verläßt. Bald, in der alten Burgstadt Raabs, vereinigen sich die Flußgeschwister. Endlich sind sie zu einem ansehnlichen einzigen Gewässer geworden. Nun wendet sich die Thaya ostwärts wieder gegen Mähren, vorbei an der riesigen Grenzburg Kollmitz mit ihrer langen sogenannten „Böhmischen Mauer" und dem befestigten Grenzstädtchen Drosendorf.

Bei Freistein, wo die Thaya von Drosendorf her aus dem Österreichischen kommt, betritt sie den Znaimer Kreis.

Sie windet sich mit vielen Schlingen in einem tief in das Urgestein eingeschnittenen Tal ostwärts, vorbei an Schloß Vöttau und der Burgruine Zornstein. Hier verschwindet sie in der viele Kilometer langen Flut der Frainer Talsperre. Dieses Staubecken bedeckt mit seinen Wassermassen ganz den Ort Altvöttau und verwandelte das Landschaftsbild völlig. Wo früher ein stillverträumtes Wiesental den Fluß begleitete, breitet sich nun der Stausee bis an die Wälder aus. So kam der Ort Chwallatitz, der am Ufer liegt, zu seinem neuen Namen: Waldsee. Der Ort Frain selbst liegt unterhalb der Sperrmauer in einen weiten Talbogen gebettet. Das berühmte Schloß, auf steilem Felsen hoch über dem Ort gelegen, kann man ohne Einschränkung als die Perle der südmährischen Schlösser bezeichnen.

Fischer von Erlach der Ältere schuf den kühnen Bau auf dem Gemäuer einer fast tausendjährigen Grenzburg. Hell erhebt sich das große Oval des Ahnensaales über das Flußtal und die Wälder. An der Schloßtreppe des Ehrenhofes stehen zwei Kolossalfiguren, Äneas, der seinen Vater aus den Flammen Trojas trägt, und Herkules, der mit Antäus kämpft. Die Figuren schuf Lorenzo Matielli. Linie und Fluß des Bauwerkes sind wie barocke Musik. Durch einen Schwibbogen verband Fischer von Erlach die auf einer Felsklippe aufragende barocke Schloßkirche mit der Burg. Die Fresken des Deckengewölbes im Ahnensaal stammen von dem berühmten Barockmaler Joh. Michael Rottmayr aus Laufen an der Salzach.

In der Gegend von Frain wurde noch im 17. Jahrhundert nach Eisen, früher sogar nach Silber und Gold gegraben. Ein Ortsteil heißt noch heute der Hammer. Auch gab es hier eine gräfliche keramische Manufaktur, für die der Schöpfer des Frainbildes auf dem Schutzumschlag unseres Bildbandes, J. Doré, längere Zeit künstlerisch tätig war.

In mäanderartigen Windungen sucht der Fluß seinen Weg durch ein tiefes, von steilen Felsabstürzen begleitetes Tal. Vorbei an den höhlenreichen Eisleiten, so genannt, weil sich hier über einen großen Teil des Jahres in den zugigen Klüften das Eis hält, rinnt er bald zu Füßen des uralten Grenzortes Hardegg vorbei und spiegelt die weitläufige, romanische Burganlage in seiner Flut. Von hier ab bildet er über mehrere Kilometer hin die Grenze des Landes.

Das eigentliche Thayatal des Oberlaufes ist kaum besiedelt und nur einzelne Mühlen, wie unterhalb Fratting und der Burg Neuhäusel oder bei Neunmühlen, treiben ihre Räder mit der Wasserkraft des Flusses.

Die stille Abgeschlossenheit des Tales, das nicht überall eine Straße begleitet, nur ein oftmals das Ufer wechselnder Steig, läßt dem Wanderer die Landschaft zu einem tiefen Erlebnis werden. Wildreiche Wälder begleiten den Fluß, deren Baumbestände zum Großteil Hainbuchen, Eichen, Föhren und Fichten bilden. Aber auch Lärchen und Birken fehlen nicht. Stundenweit kann man hier auf stillen, verwachsenen Waldsteigen wandern. Nicht selten, wenn man allein ist, begegnen einem, besonders nachts, wechselnde Hirschrudel. Über die Traußnitzmühle erreicht der Wanderer Znaim. Die Stadt ist eine der ältesten in Mähren. Es wird ihr im Jahre 1226, also noch vor Brünn und Olmütz, durch König Ottokar I. das Stadtrecht verliehen. Hier war auch ursprünglich der Sitz des Markgrafen, und manches alte Baudenkmal, wie die romanische Schloßkapelle, der sogenannte Heidentempel, mit seinem reichen Freskenschmuck, stammt aus dieser Zeit. Znaim war, wie das alte Stadtbild aus Merians Topographie beweist, eine wehrhafte Festung. Noch heute stehen Teile der Stadtmauer und alte Türme, wie der Wolfsturm, beim sogenannten unteren Tor.

Fast lückenlos lassen sich die hauptsächlichsten vorzeitlichen Kulturen in Südmähren von der jüngeren Eiszeit ab durch Funde verfolgen.

Schon im 18. Jahrhundert sammelte Hertodt von Todtenfeld, kaiserlicher Hofarzt und Brünner Stadtphysikus, die vorgeschichtlichen Funde und Zeichen, die hier die Erde in reichem Maße preisgab. Durch Südmähren lief eine der uralten Salz- und Bernsteinstraßen, und die offene, fruchtbare Aulandschaft lud schon vor Jahrtausenden den Menschen zum Bleiben ein.

Wer von der Galerie des von Niklas von Edelspitz erbauten gotischen Znaimer Rathausturmes landüber schaut, dem bietet sich nach allen Seiten hin ein weiter Rundblick, fast auf ganz Südmähren. Wenn zwischen dunklen Waldflecken und hellem Kulturland im Westen silbern der Fluß aufblitzt, so breitet sich das bunte Tuch der Felder immer dichter und großflächiger aus, je weiter der Blick nach Osten wandert. Fernher schimmern Teiche und steigen die Kalkklippen der Pollauer Berge auf. In der Umgebung der Stadt gedeihen außer Wein (der seit etwa hundert Jahren stark an Fläche verlor), besonders auf dem sogenannten Thayaboden, viele Gemüse- und Obstarten. Vor allem wächst hier die berühmte Znaimer Gurke, die zu einem humorigen Sinnbild der Stadt wurde. In Znaim wie auch in Nikolsburg, Eisgrub und Mißlitz wird der landwirtschaftliche Bodenertrag des Landes in Konservenfabriken seiner Verwertung zugeführt. So finden sich neben Weinkellereien viele Konserven- und Lederfabriken, doch auch leistungsfähige Tonwarenwerke (Dittmar-Urbach, Znaim und Schattau) und viele Ziegeleien.

Flußabwärts liegt das 1190 gegründete Klosterbruck. Es war bis zu seiner Säkularisation durch Kaiser Joseph II. ein Prämonstratenserstift. Die Klosterkirche, die romanische, gotische und barocke Stilelemente aufweist, besitzt einen, leider zum Teil zerstörten, spätgotischen Kreuzgang und eine prächtige romanische Krypta.

In Klosterbruck wohnte mehrere Jahre die berühmte mährische Dichterin Marie von Ebner-Eschenbach. Ihre Dramen und ersten Erzählungen entstanden hier.

Unterhalb von Znaim verflachen die Talhänge immer mehr und werden von einer weiten Aulandschaft abgelöst, die nur sanft gewellte Hügelketten begleiten. In Joslowitz, einem der größten Marktflecken Südmährens, befindet sich ein imposantes Renaissanceschloß mit schönen Außenarkaden. Es wurde durch Fischer von Erlach dem Jüngeren zum Teil in Hochbarock umgestaltet. Im nahen Grusbach, das von weiten Zuckerrübenfeldern umgeben ist, befindet sich eine der vielen südmährischen Zuckerfabriken. Hier war auch der Sitz der Grafen von Khuen-Belasy.

Nun setzt der Fluß zu einem großen Bogen nach Nordosten an, vorbei an Dürnholz, über Guldenfurt und Weißstätten, der väterlichen Heimat Walther Hensels. Bei Muschau, wo man

Münzen und Mauerreste aus römischer Zeit fand, und Unterwisternitz, bekannt durch das steinzeitliche Mammutelfenbeinköpfchen und die „Venus von Wisternitz", wendet er sich wieder südöstlich, um der March entgegenzustreben.

An die Pollauer Berge geschmiegt, die in dem großen Bogen des Flusses liegen, lagert die alte Landstadt Nikolsburg. Es ist der zweitgrößte Ort Südmährens. Das Nikolsburger Schloß Dietrichstein, früher Heimstatt großer Sammlungen und einer bedeutenden Bücherei, wurde leider in den letzten Kriegstagen ein Raub der Flammen. Äußerlich ist der Bau wiederhergestellt, wenn auch mit einem barocken Turmhelm.

Von der Höhe der Pollauer Berge bietet sich bei gutem Wetter ein weiter Rundblick über das südmährische Land. Vom Mißkogel bei Mährisch-Kromau bis zu den Höhen um Brünn (im Norden) und zu den Weißen Karpaten (im Osten) öffnet sich die Sicht. Nach Süden schweift der Blick vom Staatzer Burgkegel zu den Leiser Bergen in das Weinviertel, dem dieser Teil Südmährens seiner ganzen Art nach zugehört, gegen Wien. Im Westen verliert er sich in den Waldbergen des Thayatales und gegen die Manhartsberge.

Der 550 m hohe Maydenstein ermöglicht eine weite Schau über die leichtgewellte Landschaft. In der näheren Umgebung erkennen wir deutlich Auspitz mit der St.-Wenzels-Kirche und dem Rathaus. In der Ebene am Igelfluß liegen Pohrlitz, der Schicksalsort ungezählter Brünner, und die vielen Weinorte des Landes. Inmitten großer Teiche und weiter Parkanlagen erhebt sich das Liechtenstein-Schloß Eisgrub. Nahe der österreichischen Grenze liegt das uralte Städtchen Feldsberg, dessen Schloß fürstlicher Sommersitz war. Weiter östlich breitet sich als letzter Ort Deutsch-Südmährens die Stadt Lundenburg mit dem alten Schloß inmitten der Aulandschaft der unteren Thaya aus.

Wie im Oberlauf des Flusses oft die reine, kaum bewohnte Landschaft der Waldberge um den mäanderhaft gewundenen Fluß ausgedehnt liegt, so verliert sich auch die Thaya nach den weiten Parkanlagen Eisgrubs und Feldsbergs im Lundenburger Auwald. Hier hat der Fluß Zeit und Raum. Er windet und verzweigt sich in mehrere Arme und lockt zum Rudern und Angeln. Die vielen Teiche, besonders der Nimmersatt, laden zum Segeln ein.

Wildreich und vielgestaltig ist diese Landschaft, wechselnd mit Wald, Ried und Wasser. Ein Paradies für die Vogelwelt und das Wild, aber auch für die Pflanzen. Um die Altwässer (hier seltsamerweise als See bezeichnet) und die Flußarme, die nie austrocknen, wuchern und gedeihen Sumpf- und Wasserpflanzen in ungeahnter Vielfalt und Fülle. Im Gewirr von Schilf und Binsen leuchtet das Gold der Wasserschwertlilien. Wie Speere heben sich aus dem undurchdringlichen Schilfwald die Rohrkolben. Hier wächst der Kalmus und der Wasserfenchel; der großblumige gelbe Hahnenfuß und das Sumpfvergißmeinnicht schimmern zwischen den messerscharfen Riedgräsern und Igelkolben. Nicht ohne Gefahr ist das Eindringen in dieses Moorland, das ein Eden der Wasservögel, Lurche und Fische, aber auch der Insekten ist. Wie überall in den Wäldern um die Thaya und ihre Nebenflüsse gab es auch hier reiche Wildbestände. Der Rothirsch war mit seinen starken Rudeln keine Seltenheit. Die Pollauer Berge aber hatten eine Besonderheit: Damwild und Mufflons. In den schilfumwachsenen Weihern und Flußarmen tummelten sich neben den Wildgänsen Scharen von vielen Entenarten, von der kleinen Krick- bis zur großen Stockente. Unter den vielen Wasservogelarten fehlen auch der Haubentaucher und das Bläßhuhn nicht. Eintönig hallt der Ruf der Rohrdommel über das Ried. Buntschillernd zieht die Löffelente dahin. Rauschend fallen die Reiher ein und verjagen den kleinen Strandläufer. Die Horste der Schwarzstörche, die in unserer Gegend selten geworden sind, liegen hoch oben im dichten Gezweig der Rieseneichen. Manchmal stürzt der türkisfarbene Pfeil des Eisvogels in das Wasser, er ist ein kleiner Fischräuber. Dem Jünger Petri lacht das Herz, denn hier wimmelt es in den Gewässern neben den vielen Weißfischen und Barschen von Karpfen und Hechten. Sogar Welse von ansehnlicher Größe können, wenn er Glück hat, seine Beute werden. Es scheint ein Paradies zu sein, aber die Natur hat harte Gesetze. Was nicht der räuberische Hecht vermag, gelingt dem gefräßigen Fischotter. Er schont nicht die Nistplätze der Wasservögel und nicht die Fischbrut.

Die Landschaft, die der Hauptfluß Südmährens bis zu seiner Mündung in die March durcheilt und gestaltet hat, klingt fast so aus, wie sie begann, in Wasser, Wald und Ried. Urweltlich und geheimnisvoll läßt sie die fleißigen Hände aller Bauerngeschlechter seit den Kelten und Quaden hier fast vergessen; auch die wohlgeordnete und bestellte Kulturlandschaft der reichen, fruchtbaren Fluren, und wird wieder zur Au, wie sie der Urmensch hier fand.

DER MENSCH

Es ist wenig bekannt, wie eindrucksvoll und reich die Kulturleistung unserer Vorfahren ist. Das Land war in den Jahrhunderten durch harte Arbeit unter ihren Händen wahrhaft zu einem Garten geworden. Groß ist der Reichtum an kirchlichen und profanen Prachtbauten. So stehen neben dem ehrwürdigen romanischen Karner, den Kapellen und Krypten die gotischen Hallenkirchen. Bürgerhäuser und Rathaustürme ragen neben der edlen Pracht der Renaissancebauten, umgrenzt von der Fülle blühenden Barocks. All dies verborgen und kaum bekannt, und hätte der Stolz des Landes sein können. Jetzt preisen es die Tschechen als ihre Kulturleistung.

Welche Kräfte in unseren Menschen schlummern, wenn es die Not erfordert, zeigte sich wieder nach der Vertreibung. Wer es nicht selbst erlebte, was es bedeutet, aus der Gemeinschaft des Dorfes oder der Stadt, in der wir nach alter Ordnung lebten und schafften, hinausgestoßen zu werden in die Heimatlosigkeit und später in eine völlig anders geartete Stadt- und Industriewelt, der kann nicht den vollen Umfang des Elends und der Verzweiflung ermessen.

Aber unsere fast durchwegs bäuerlichen Menschen haben sich in dieser harten Feuerprobe glänzend bewährt. Sie meisterten ihr Schicksal still, fleißig und bescheiden, wie es ihrer Art entspricht. Sie sind keine Heiligen, eben Menschen, wie man sie sonst auch finden mag, im Grunde nicht besser und schlechter als andere. Es muß ihr Gottvertrauen sein, das ihnen die Kraft für die Bewältigung ihres schweren Geschicks und für die harte Wandlung vom Bauer zum Städter und Industriearbeiter verliehen hat. Aber auch als Handwerker, Lehrer und Architekten, als Beamte, Wissenschaftler und Künstler stehen sie ihren Mann.

Wer es jährlich erlebt, wie diese Menschen keine Mittel scheuen und im Gedenken an die Heimat in der Fünftälerstadt Geislingen aus aller Welt zusammenströmen, der kann dabei nicht gleichgültig bleiben. Wenn es auch um die persönliche Begegnung mit Freunden und Verwandten, die durch die Vertreibung weitverstreut in Deutschland und Österreich wohnen, und um den Austausch von Erinnerungen geht. Aber ist dies bei der gewaltsamen Trennung der Familien- und Ortgemeinschaften verwunderlich? Niemand kann deshalb ihr Geschick verniedlichen wollen, denn über das Persönliche hinaus stehen sie selbstverständlich und treu zu den Forderungen des Sudetendeutschtums, die Selbstbestimmungsrecht und Recht auf Heimat heißen. Man kann nicht auf die Dauer das Anrecht einer Gruppe von Menschen auf ihren väterlichen Besitz und die angestammte Heimat verneinen wollen, den anderen aber, die sich unrechtmäßig und gewaltsam in den Besitz des Landes und persönlichen Gutes der Vertriebenen setzen, diesen Raub ohne Einschränkung und Bedenken als rechtmäßig zusprechen. Das hieße wahrhaftig das verneinende Prinzip des Chaos und der Willkür an die Stelle einer gottgewollten Ordnung setzen.

In der Sommerhitze, die nicht nur von den weißen Hausmauern blendend zuckt — sie brütet auch über den gilbenden Feldern —, liegt die Spirale einer sonnentrunkenen Schlange. Gehst du leise vorbei, so rührt sie sich nicht. Wie ein ziseliertes Kunstwerk lagert sie im heißen Sand. Dich schaudert trotzdem beim Vorübergehen, wie vor einer unwägbar dunklen Drohung.
Für den Bauern, der, braun und von der Hitze ausgemergelt, auch unter dem grünen, hohen strohenen Hut noch schwitzt, ist dies das rechte Erntewetter. Es gibt erst die letzte Reife und kocht die Körner in den Ähren gar, die sich auf den blonden Halmen leicht im Sommerwind wiegen. Er denkt aber nicht wie ich an den Waldschratt, der in der Hitze seine Mittagsrast hält, irgendwo im Gesträuch oder Geäst einer Föhre verborgen. Für ihn ist das nur ein schnarchender Dachs. Auch die Roggenmuhme sieht er nicht, die durch die wogenden Weizenfelder schreitet. Roter Mohn ist an ihrem goldenen Kleid, und sie hat blaue Kornblumen in die weizenblonden Zöpfe geflochten.

Aber der Bauer sieht nur nach dem Wetter aus. Ob dort gegen die Manhartsberge hin nicht eine Wand aufsteigt, aus der es wettern und schloßen könnte? Er nimmt die irdene dickbauchige Flasche, den Plutzer, der im Schatten stand, und trinkt den kühlen Wein in herzhaften Schlukken. — Es tut ihm sichtlich gut. Aber trotzdem will er nicht den trägen Wassermann, der sich im fast ausgetrockneten Flußbett auf den Grund des Tümpels verkrochen hat, gesehen haben. Er meint, es wäre nur ein alter Wels.

Aber die goldenen Samtfrüchte der Marillen (Aprikosen) betastet er doch. Sie leuchten aus dem dunklen Laub. Soll er sie morgen pflücken, die dünnschaligen, süßen Früchte? Sonst könnten sie leicht selbst von den Bäumen fallen, denn reif sind sie schon!

In den Nächten ist es heiß, und die Lippen schmecken nach Salz. Aber auch die Tränen. Denn das Leben ist selten nur eitel Freude. Dazu braucht es die Gnade des Himmels, aber der ist oft wetterwendisch mit seiner Gunst wie große Herren. So rinnt mehr Schweiß und Blut in die Furchen der Erde als Tau. Und öfter klingt verhaltenes Stöhnen in den Nächten als heimliches Lachen der Daseinsfreude. Nicht, daß die Bauern Kopfhänger wären, aber das Land liegt allem zu offen und zu wehrlos da. Dem Krieg, der Herren Willkür und den Seuchen.

Es muß mit seinen Menschen alles über sich ergehen lassen in den Zeitläuften der Not, es darf sich nicht lange ungestörten Friedens erfreuen. Schon den ersten Siedlern bringen die Kumanen und Madjaren Brand und Tod. Die Fackel der Taboriten und die Krummsäbel der Türken wüten im Lande. Auch der Schwed ist nicht viel besser, er vergißt das Evangelium und raubt und mordet. Aber selbst Ferdinand II., der kaiserliche Herr in Wien, ist ohne Erbarmen. Sein Edikt jagt die fleißigen und friedlichen, freilich auch hartköpfigen Wiedertäufer von Bruderhof und Haushabe wieder fort. Um ihres Glaubens willen verlassen sie den Grund und Boden der Heimat. Sie ziehen zu Tausenden zum Fürsten Siebenbürgens, Bethlen Gabor, und weiter in alle Welt. Aber auch von ihnen bleiben Zeichen und Züge im Gesicht der Landschaft und ihrer Menschen zurück.

Damals ahnte freilich noch niemand, daß einst alles Volk, das St. Michael zum Schutzpatron hat, dieses alte deutsche Land wird verlassen müssen.

Da steht ein Feldkreuz irgendwo auf der Flur. Wenig beachtet, trotzt es Sonne, Regen und Schnee. Aber es ist nicht von ungefähr dort, denn wenn man sich die Mühe macht und versucht, die halbverwitterten Worte, die darauf eingemeißelt sind, zu entziffern, so steht mit einem Schlage, deutlich und unverblaßt von Zeit und Vergangenheit, ein Menschenschicksal vor uns. Es ist stellvertretend gültig für die meisten Menschen dieser umkämpften Landschaft. Unserer inneren Schau zeigt sich der Bauer, dessen Namen wir nicht wissen, obwohl wir sein Schicksal kennen, und redet aus dem Stein vernehmlich zu uns. Es ist ein Schwedenkreuz, das die Jahreszahl 1645 trägt. Und es spannt einen Schicksalsbogen von damals zu heute:

DAS SCHWEDENKREUZ

Früher Morgen stieg langsam über dem dämmernden Land auf, das blühende Hänge und Höhen dem noch scheuen Licht entgegenhob. Friedlich schien die Welt und gut. Weit breiteten sich die fruchtbaren Wellen eines gesegneten Ackerlandes. Nur vom Fluß her, der seine stille Silberschlinge ins blühende Gewann legte, flochten sich weiß und wogend leichte Nebel um Busch und Feld.

Die Stille war Trug, nur den Augen schien es so, denn fern und nah peitschten wilde Schüsse über das Land. Hieß es auch, der Krieg sei nun vorbei, im blinden Haß erhob er neu sein Schlangenhaupt.

Querfeldein hastete ein Mann. Hinter den Schlehdornhecken hielt er sich verborgen. Wie fröstelnd hatte er die Schultern eingezogen und seine Hände in die Taschen des grauen Soldatenrockes geborht. Nun, mitten auf der Flur, blickte er suchend um sich und ging dann zwischen den braunen Furchen eines bestellten Ackers vom Wege ab, auf eine graue Steinsäule zu, die halbverwittert am Feldrain stand. Er strich über die eingekerbten Zeichen und Zahlen, als sei er blind. Es war, als wollte er den Weg des Meißels nachgehen, den ehedem sein Urahn geführt, als er die Säule errichtete. Wenn er auch im Dämmerlicht der Frühe die Zeichen nicht entziffern konnte, er kannte sie genau: Plumpe Umrisse einer Pflugschar und darunter nur wenige Worte, die aber eine so tiefe Sehnsucht nach Frieden und Arbeit ausdrücken, daß sie ihn erschütterten:

>"Ich führ in meim Begier eyn Pflugeysen
>anno domini 1645."

Seltsam, genau vor dreihundert Jahren hatte mit Spruch und Zeichen sein Ahne das Schwedenkreuz aufgestellt. 1645, drei Jahre vor Münster und Osnabrück. Wieder erfaßte ihn tief das Erlebnis, wie damals, als er, ein Knabe noch, zum erstenmal die Schrift entziffert hatte, nur noch viel eindringlicher und schmerzhafter, denn jetzt galt es den Abschied. Ja, vielleicht für immer! Er lehnte sich sinnend an die Säule, alles um sich her vergessend, und eine Vision stieg vor ihm auf ...

Er sah, so wie sich heute, einen Mann, der noch Lederkoller und Helm eines schwedischen Reiters trug, auf dem brachen, von wildem Unkraut überwucherten Acker stehen. Dunkel lief ihm ein Streifen über das Wams, wo ehemals die Feldbinde gesessen. Der Mann blickte gedankenverloren über das verwilderte Land ... 27 Jahre Krieg — Schweden und Kaiserliche, und Kroaten. Allemal die gleichen Bauernschinder und Senger, Räuber und Teufel.

Torstensons Leute hatten ihn selber als Halbwüchsigen zum Haufen gepreßt, und so war er durch zehn Jahre ein Söldner gewesen wie andere, wenn auch nicht der Schlimmsten einer. — Aber es war Krieg — und der Fluch näher den Lippen als der Segen, und der Schlag fuhr eher aus den Fäusten als die gute Tat. Bis Land und Herz ein wildverwachsener Acker waren, auf dem nur Eisenhut, Nesseln und Gedörn gediehen.

Aber es war ein gutes Bauernherz, das ihm unterm Koller schlug, und da er wieder einmal im Frühjahr über ein mühsam umgebrochenes Feld ritt, stieg starke Sehnsucht in ihm auf, wieder einen Pflugsterz in Fäusten zu haben und durch Distel und Dorn mitten durchs tote Land tiefe Furchen zu führen, die Erde zu befreien, auf daß sie wieder Ackerland werde und Saaten trüge ...

Und er wünschte nichts sehnlicher, als daß sein Schwert ein Pflug und sein Reitpferd ein Ackergaul wären.

Am Abend, als sie Feldlager hielten und er wieder mit den andern in ein vielfach gebrandschatztes Dorf zum Rauben reiten sollte, erwachte plötzlich wilder Ingrimm gegen die verkommenen Kriegsleute in ihm, und er stand den Bauern bei. Danach entwich er vom Haufen in seine Heimat.

Noch drei Jahre ging das bittere Morden.

Er aber stellte, wie zum Gelöbnis und als Mahnung zugleich, die Säule mitten im Acker auf. Aus den Trümmern des väterlichen Hauses baute er eine Hütte und schmiedete die Pflugschar neu, die er nach langem Suchen ausgeglüht und verrostet gefunden hatte. Sein treues Pferd zog ihm Karren und Pflug. Doch hing ihm noch immer der schwere Reitersäbel zur Seite bei seinem friedlichem Tun, denn es galt, dem raubenden Gesindel zu wehren, das lange noch das Land durchstrich. Bald fanden sich, gleichsam unter seinem Schutz, da und dort wieder flüchtige Männer und Frauen ein, Kuh und Geiß, Wagen und Wiege aus dem wilden Waldversteck mit sich führend. Wenn auch der Mann im Lederkoller an vielen Gräbern stand und über sein hartes Bauerngesicht manche Zähre floß, wenn er des frohen Lebens gedachte, das ehedem den väterlichen Hof und das ganze Dorf erfüllt hatte, so wußte er nun doch: das Land selbst war nicht tot. Schon lag neue Saat in der Erde, keimte und sollte, wenn es Gott gefiel, zu Brot werden, zu Brot des Friedens...

Und den jungen Bauer, der jetzt an der Säule lehnte, sechs Jahre dem bitteren und schweren Handwerk des Krieges verpflichtet, fiel oft in der Öde der Zerstörung die Sehnsucht nach der Heimat und seinem Acker an.

Nun stand er inmitten seiner Felder und wußte das Haus seiner Väter unversehrt und den Pflug blank, saatgesegnet die Fluren und blühend die Bäume und durfte doch nicht heim und Bauer sein. In wildem Schmerz krallte er die Finger in den Stein... eyn Pflugeysen...

Alle die Seinen hatte man vom Hofe getrieben. Die uralte Großmutter und seine blutjunge Frau. So wie man Hunde verjagt. Fremdes Volk lungerte herum, in kurzen Wochen mehr verderbend, als andere geschlechterlang geschaffen hatten. Gestern nacht war er bis zum Haus geschlichen und hatte draußen vor der vertrauten Stube wie ein Dieb in der Nacht gestanden. Ingrimm im Herzen, sah er die Fremden um seinen Tisch, die sein Brot aßen und seinen Wein tranken. Und wer will ihm das verargen? Dann war er zum Stall gegangen. Die Tür stand offen, nach kurzem Zaudern trat er über die alte Schwelle. Dann nahm er von seinen Tieren Abschied. Sie mochten es gut fühlen, daß der Bauer für immer ging, daß er ihnen zum letzten Mal das Fell strich und die Raufe richtete. Zum letzten Mal? Der Braune blickte ihm unverwandt nach, und als der Mann an der Tür stand, schnaubte das Pferd und scharrte mit den Hufen. Durch den Garten ging der Bauer davon, horchte beim Bienenhaus und klopfte leise... Abschied. Er faßte in die blühenden Zweige der Bäume und fühlte den Blütenregen fein und kühl auf sich niedersinken... Dann kroch er in den Strohschober abseits vom Dorf und blieb, bis es Morgen war. Nun stand er an der Feldsäule, ein Bauer ohne Pflug und Land... Tränen zornigen Schmerzes drangen aus seinen Augen. Er hätte das Land verfluchen mögen, das reich und fruchtbar vor ihm lag.

Da aber stieg die Sonne auf und übergoß Hügel und Flußauen mit warmem Licht, blinkte in den Fenstern und auf den Türmen der nahen Stadt, daß der Mann bitter und schmerzhaft empfand, wie schön das Land seiner Väter war. Und er hob eine Scholle vom Grund auf, zerbrach die Erde und band eine Handvoll davon in sein Tuch, das er in die geschmähte Feldbluse schob. Dann ging er davon über die Grenze des Landes, in die Fremde, ins Elend, die Seinen zu suchen.

Und immer, wenn ihm der Mut sinken wollte und er für sein Leben keinen Deut mehr gab, bereit, es wegzuwerfen, wie etwas Verhaßtes, fühlte er die Erde seines Ackers, sah er die Feldsäule aufrecht und mahnend stehen. Mahnend, daß nicht Schwert und Krone, nicht Ruhm und Macht das Glück dieser Welt seien, sondern der Pflug des Friedens und der Acker, der Brot trägt — Brot des Leibes und der Seele ...
Und er ging weiter die Elendstraße, hoffend, die Seinen und Pflug wie Acker zu finden.

(Anmerkung: Das Schwedenkreuz, von dem die obige Erzählung handelt, stand auf der Flur in Edelspitz bei Znaim. Der Verfasser entdeckte es 1926 bei einer Wanderung. Inschrift und Pflugschar waren noch gut zu erkennen.)

DIE SPRACHE

Südmähren gehörte seit jeher zum geschlossenen deutschen Sprachraum. Die gebräuchliche Mundart ist trotz deutlicher Unterschiede zwischen dem West- und dem Ostteil Südmährens das Bajuwarisch-Österreichische. Die Mundart ist der sicherste Schlüssel, noch über einen Zeitraum von 800 Jahren hin, die stammliche Herkunft der deutschen Südmährer zu ergründen: Es ist dies unleugbar das Mittel- oder Donaubairische. (Nach F. J. Beranek.) —

Die Wiederbesiedlung des vom 6. Jahrhundert an dünn und nur in den Niederungen von Slawen bewohnten Landesteiles von Mähren erfolgte demnach aus einem einheitlichen Sprachgebiet. Nicht wie im Falle Schlesiens oder Ostpreußens, wo mehrere Altstämme zur Bildung eines deutschen Neustammes beitrugen. Mögen auch Ostfranken und Oberpfälzer, später auch Alemannen (Tiroler, Vorarlberger und Schwaben, wie Familiennamen noch heute beweisen) ins Land gekommen sein, die Spuren ihrer Mundart sind kaum mehr nachzuweisen, wie Prof. Dr. Franz Josef Beranek (Lundenburg) durch seine Mundartforschung eindeutig bewiesen hat. Es ist nicht ausgeschlossen (auch die jetzigen Funde bei Amst, die man freilich tschechischerseits nur als großmährisch-slawische Merkmale ausgibt, bestätigen es), daß sich auch in der fast 500jährigen slawischen Epoche Reste germanischer Völkerstämme da und dort behaupteten. Die Überlieferung von Fluß-, Berg- und Aunamen könnte dies auch beweisen. Es erhielt sich doch oft in der slawischen Bezeichnung der altgermanische Namenssinn deutlicher als in der durch die Zeit verstümmelten deutschen.

Die deutsche Besiedlung war keine gewaltsame Landnahme, wie dies in den Zeiten der Völkerwanderung geschah, sondern ging friedlich vor sich. Sie wurde von den Landesherren gefördert und stand unter dem Patronat deutscher Herzöge oder Kirchenfürsten, ja des Kaisers. Die Siedler fanden auch fast unbegrenzt neues Rodungsland in den völlig unbesiedelten Waldungen und Berggebieten.

Die Deutschen übernahmen fast ausschließlich schon bestehende slawische Bezeichnungen und bildeten sie nur nach deutschem Sprachgebrauch um. So entstand aus dem ursprünglichen Namen Troskotovice Treskowitz, aus Křidlovice Grillowitz und aus Kurolupy wurde Kurlupp, um nur einige Beispiele zu nennen.

Durch diese, im Grunde wenig veränderte Übernahme kamen also oft rein deutsche Ortschaften zu einem tschechischen Namen. Leider half später dieser Umstand zur Bildung des Märchens von der gewaltsamen Germanisierung ursprünglich slawischer Bevölkerung; das Gegenteil ist wahr.

Beweis genug aber für die umfassende Kultivierung des Landes durch deutsche Bauern ist die weit über die bestehende Sprachgrenze hinaus *ausschließlich deutsche Flurbezeichnung*. Wie bedeutungslos dagegen der zufällig slawische Name eines Ortes ist! Unsere Väter hat das wenig gestört. Warum sollten wir uns daran stoßen? Sie machten das Land urbar und gaben ihm sein deutsches Gepräge. Im übrigen lebten sie friedlich mit ihren slawischen Nachbarn im gleichen Schicksalsraum. Viele von uns haben slawische Namen, ob der Abstammung nach oder gewaltsam slawisiert, bleibt dahingestellt. Die Forschung könnte manches aufhellen. Und doch besteht seit Generationen in den Familien keine Bindung mehr zu slawischer Verwandtschaft. Bei den Tschechen ist es im umgekehrten Fall nicht anders. Ich erlebte es selbst, bei der Gefangennahme durch die Russen, als mich ein tschechischer Partisan verhörte und mich einen „echten Tschechen" nannte. Mich ritt der Teufel und ich sagte ihm auf deutsch, denn ich spreche sehr mangelhaft die andere Sprache: „Und Vierlinger, Gottwald und Meyer, sind das vielleicht Deutsche?" Er war über meine Antwort so verblüfft, daß die berühmten, schlagenden Beweise ausblieben.

Es ist die große Tragik unserer beiden Völker, daß selbst verwandtschaftliche Bande in Zeiten eines übersteigerten Nationalismus nicht mehr halfen. Was aber in den Jahrhunderten der deutsch-slawischen Nachbarschaft an gewaltsamer Slawisierung, ja Ausrottung der Deutschen geschehen ist, übersteigt alle Vorstellungen. Es ist so einfach, den Anderssprachigen *immer* als fremden Eindringling und Unruhestifter zu sehen, auch nach fast einem Jahrtausend deutscher Kulturleistung für Land und Leute der böhmischen Krone. Wenn dies dazu in Gegenden geschah, die vor den Deutschen nie ein slawischer Fuß betreten hatte, beweist es nur die Unglaubwürdigkeit des unrechtmäßigen tschechischen Anspruchs. Außerdem konnte die mindestens 500jährige Besiedlung der Markomannen, Quaden und anderer germanischer Völker nicht ohne Einfluß bleiben, da sie der Grundstock des bairischen Stammes wurden.

Zur Mundart zurückkehrend, muß leider eines gesagt werden: Die Vertreibung hat uns nicht nur Hab und Gut und Grund und Boden der Heimat gekostet, sie vernichtet fortwirkend (in den meisten Fällen schon in der nächsten Generation) die angestammte und eigenständig gewachsene Mundart.

Viele ostdeutsche Dialekte werden verklingen, und es wird kaum jemand die großen Mundartdramen eines Gerhart Hauptmann mehr verstehen, geschweige denn spielen können. Uns traf es nicht ganz so hart wie die Schlesier, Ostpreußen und Pommern, denn viele unserer Landsleute leben in Österreich oder Bayern. Also in nah verwandten Sprachräumen. Freilich, besondere südmährische sprachliche Eigenheiten und alte Wortformen, die sich nur in der Abgeschiedenheit unserer Ortschaften so lange erhalten konnten, werden verlorengehen. Eine „Niederösterreichisierung" fand schon vielfach in der Heimat statt. Z. B. das mancherorts erfolgte Abwenden von der ehrwürdigen ui-Form zu ua. So sagte man statt dem althergebrachten „Muider" (Mutter) schon vielfach „Muader". Aber noch schwerer wiegt der Verlust jener Wörter, die, aus dem Altgermanischen stammend, noch immer bis in unsere Tage gebräuchlich waren. Z. B. die Wochentagsnamen Irito(g) für Dienstag und Pfinzta für Donnerstag. Sie kommen aus dem Gotischen wie Zeger (geflochtener Korb) und Pfoat (Hemd). Auch „Amper" (Eimer) gehört zu diesen Urformen. „Nahwingerl" oder Awingerl (althochdeutsch Avinga) sagte noch mein Vater zu einem kleinen Handbohrer. Es wäre des Nachforschens wert, ob diese alten Wörter noch gebräuchlich sind, besonders dort, wo unsere Landsleute heute wieder im bayrisch-österreichischen Kulturraum beheimatet sind.

Dr. Karl Bacher (wohl ihr bester Kenner) hat die Fülle und Kraft der Ausdrucksmöglichkeit in der Mundart bei einem einzigen Wort — gehen (laufen) — überzeugend bewiesen: gehn, steign, schriattn, hatschn, daherschleifa, daherhuscheln, daherquatschn (im Schlamm), taiderln, zoppln, troppln, kralln, kroicha, kraxln, renna, surrn, burrn, schoibn, satzn, troppn, springa, an Gschwindern onsogn, umanondpfnurrn, hinprelln, hochirauntn und hossnzussern. Wie arm und nüchtern ist die Schriftsprache dagegen, ihr fehlen die feinen Unterschiede und Schattierungen.

Wie vielfältig und unerschöpflich auch die Spruchweisheit unserer Bauern war, geht aus der Sammlung von Prof. Josef Spandl (aus Höflein an der Thaya gebürtig) hervor. Aber auch dem Städter, der in der alten Heimat in enger (oftmals verwandtschaftlicher) Beziehung zum Landvolk stand, waren viele dieser Sprichwörter geläufig.

Oft recht derb und in drastischer Kürze, zeigen sie uralte Zusammenhänge mit dem Stammesweistum der Bajuwaren.

Wer z. B. in die Fremde will, dem geben die Eltern gute Lehren auf den Weg: „Für d' Höflichkeit is no neamd gstroft wo'(r)n!" Oder: „A guit's Wort findt an guid'n Ort!"

Erprobte Lebenserfahrung rät weiter: „Da grode We(g) is da beste!"

Dem aber, der die Fremde fürchtet, ruft man spottend zu: „Dahoambleiber — Sautreiber!"

Aber auch in der Fremde, das weiß der Erfahrene, ist nicht alles besser und gescheiter eingerichtet, da heißt es dann mit Schmunzeln: „Wo's Brau(ch) is, legt ma die Kuih ins Bett!"

Und für den Unentschlossenen gibt es den derben Rat: „Mit oan O .... konn ma holt nit auf neun Kiritä(g) sei(n)."

Bitter ist die Erkenntnis, überhaupt wenn es zu spät ist: „Die Goschn is a kloans Lo(ch), oft verziehrt's (verzehrt es) Haus und Hof." — „Die Gwenad (Gewohnheit) is an eisane Pfoad (Hemd)."

Auch die Verwendung von Wiederholungszeitwörtern ist im südmährischen Dialekt häufig. Ein weiteres Zeichen der Urtümlichkeit unserer Mundart. Die vergleichende Sprachwissenschaft kennt sie in anderen Sprachen (besonders im Slawischen und Madjarischen) und nennt sie auch Onomatopoetica. Sie finden in unserer Schriftsprache immer weniger Verwendung, bis auf wenige Ausnahmen: hüsteln, lispeln, krächzen, lechzen und ähnliche. Ein ernstes Zeichen weiterer Verarmung und Rationalisierung der Sprache. Ich denke in unserer Mundart besonders an das schöne Wort für Wetterleuchten „Himmlazn" oder an „juchazn" (auch „jugazn") für das abgeschwächte Jauchzen. Die Henne „schorrazt" (öfter scharren), der Hahn „kragazt" (kräht wiederholt) und wenn die Geißen „meckazn", so „lehazn" (lechzen) die Hunde. Der Reichtum der südmährischen Mundart an solchen Wörtern ist groß und die Reihe ließe sich noch lange fortsetzen. Goethe (auch hier kann man ihn treffend zitieren) sagt nicht unbegründet voll tiefer Einsicht über die Volkssprache:

„Die Mundart ist doch eigentlich das Element, in welchem die Seele ihren Atem schöpft."

Wenn wir von unserer Mundart sprechen, wird uns erst jetzt die einmalige Leistung des südmährischen Mundartdichters Dr. Karl Bacher aus Waltrowitz in ihrem ganzen Umfang bewußt. Sein Lebenswerk, das er als Sprachforscher über die heimatliche Mundart begann, diente dieser unausgesetzt und in eiserner Selbstbeschränkung. Er zögerte nicht, seinen ländlichen Dialekt zur Ausdruckssprache seiner Dichtungen zu machen. Es sind Werke wahrhafter Größe, wie sein Epos „Dos Liad von da Thaya" oder sein Roman „De Muider", von seinen ernsten und auch heiteren dramatischen Dichtungen, wie „Meier Helmbrecht", „Bauer und Knecht", „Milirahmstrudel" und die „Weinbeergoaß", ganz abgesehen. Besonders in seinen Gedichten sang und sagte er, was ihn zutiefst bewegte: Lieb und Leid der bäuerlichen Menschen und die schlichte Schönheit der ländlichen Heimat. Wir müssen ihm dankbar sein dafür, daß er als sein Lebenswerk die Mundartdichtung erwählte. Ist sie doch von vornherein in einem engeren Kreis eingeschlossen. Er bewahrte aber damit für uns und unsere Kinder die Sprache der Heimat vor dem späteren völligen Verklingen. Außerdem bewies er in seinem Werk, daß die so einfach scheinende Mundart in Wirklichkeit ein unerschöpflicher Sprachbrunnen ist, der bis in ferne, ehrwürdige Ursprünge reicht. In dem Vorwort zu seinem Buch „De Muider" (Wien 1930) sagt der Dichter selbst darüber:

„Und sollte denn das alte, naturgeborene und gewordene Deutsch, die Mundart, aus deren in ewiger Frische sprudelndem Lebensquell sich die junge, künstlich geschaffene Schriftsprache die besten Säfte ihrer Nahrung holte, nicht auch jetzt noch berechtigt sein, ein künstlerisches Eigenleben zu haben und aus sich selbst Dichter erwecken wie früher, als alle deutsche Dichtung Mundartdichtung gewesen ist? Verbindet sich doch mit ihrer strotzenden Fülle und plastischen Bildhaftigkeit eine hohe dichterische Kraft."

Wir empfinden am eindringlichsten, was Karl Bacher damit meint, beim Lesen seiner eigenen Gedichte. Spricht nicht die beschwörende Wucht eines mittelalterlichen Totentanzes aus seiner Ballade „Dos stirkere Lebn":

> Der blinde Stier is los,
> dos Unglück geht wieder um!
> Trifft monign hort sein Stoß,
> sogt koaner dazui: Wollkumm!
> Herzelend, Kummer und Load,
> de bleibm koan Haus dersport,
> do hilft koan Gschloß, koan Gspirr, —
> dos is — dos is der Kria' — ! —
> Is ausgschütt' über de Welt
> wia fressad's Gift — — —
> Blüahr follt um Blüahr am Feld, —
> Tod hoaßt sein Schrift. — — —
>
>   (1. Strophe)

Große lyrische Dichte und Ausdruckskraft der lautmalenden Sprache liegt in seinem bäuerlichen Nokturno „Da Bauer auf d' Nocht":

> Jatzt schält si de Nocht holt wieder
> stad aus der grawlatn Hüll...
> No steht s' und lurt, ols losat s'
> en Krotnan zui und en Grill'.
> Aft tuit s' af oanml gonz törrasch,
> wonn ahr Hund no so bellt,
> und hockt mit ihrn schworzn Ki'ln
> broatmächti af der Welt...
>
>   (1. und 2. Strophe)

Ungezählt sind die Lieder, die er in seiner ersten Exilzeit von 1918 bis 1938, gedrängt von der Sehnsucht nach dem stillen Land an der Thaya zu dessen Lob gesungen hat. Nach 1945, als er die Heimat endgültig verlassen mußte, entstand aus unstillbarem Heimweh der Gedichtband „Herdfeuer von dahoam".

Ich weiß, daß noch viele unserer Landsleute ihre Liebe zur Mundart in Gedichten zum Ausdruck bringen, aber es würde den Rahmen dieses Bildbandes sprengen, ihrer aller zu gedenken. Karl Bacher, der unbestrittene Meister, soll für alle, sie in seine Liebe zur Mundart miteinschließend, das Schlußwort haben.

> Hoamat, och, oanml no, wonn a di sacht,
> meiner Muidern a Grüaßgott bracht'!
> Des nea möcht i derbittn,
> daß mein Hoamweh gstillt noml wurdt!
> Afta gangat i ge'n wieder furt,
> gab in der Fremd mi z'friedn.

MEIN LANDL

Jetzt wohne ich in einer Großstadt und muß weit gehen, ehe ich an einen Acker komme. Aber mich treibt es, diese Wege zu tun, besonders im frühen Jahr. Dann rieche ich wieder die aufgebrochene Erde und sehe das junge Winterkorn in seiner Frische aus dem Boden dringen. Wenn ich mich dann auf einen Ackerrain, gar bei einem Weingarten setze, dauert es nicht lange und ich träume mich zurück, heim in mein fernes Ländchen.

Der Wind trägt mir den Ruch von Feldern und Wiesen her. Da rührt es sich tief in mir und erwacht. Freilich nicht auf einmal, nur zögernd und langsam. Die Zeit hat zuviel Geröll aufgeschüttet und Vergessen über meine Seele rinnen lassen. Aber ich habe das Glück, doch noch in einer alten Bauernlandschaft leben zu können, so ist es mir bald, als hörte und spürte ich meine Heimat.

Raschelt es nicht in einem Maisfeld, rumpelt nicht ein Bauernwagen auf einem Feldweg irgendwo bei Nikolsburg? Und die Thaya rinnt...

Nach einer kurzen Weile schon kann ich die Augen auftun und um mich schauen. Sehe ich doch Felder und Weingärten und mitten hindurch einen silbernen Fluß! Was schadet es, daß dies jetzt der Neckar oder der Rhein, der Main oder die Donau ist. Mir ist es doch, als lägen Feld und Weingarten auf einem Hügel daheim, und die Wolken kommen für mich nicht von der Alb her oder dem Odenwald, sie schweben mir von den blauen Pollauer Bergen oder vom Hohen Stein bei Modes und vom Wachtberg bei Zlabings über die Weite Südmährens heran.

Und ich höre Glockengeläut... Habt ihr schon dieses Klingen und Summen so recht über euch ergehen lassen? Ist es doch, als ob eine gute Baßstimme etwas Freundliches sagte. Überhaupt, wenn ein altes Geläut von weiter herkommt, das geht dann nicht nur ins Gehör, das rührt so recht ans Gemüt.

Deutlich sehe ich das gelbe Haar eines Getreidefeldes. Dörfer schmiegen sich in eine Mulde um Kirche und Teich. Auf der alten Brücke steht St. Nepomuk, und auf seinem Sternenkränzel sitzt und singt ein Vogel. Still ist der weite Gau. Wie ein rotes Tuch breitet sich der blühende Klee, und reifende Kirschen lachen dich an. Blauköpfig liegt eine Eidechse auf dem heißen Stein und schläft, in Sonnenanbetung erstarrt. Sie läßt sich ohne Scheu von dir bewundern und blinzelt kaum. Nur ihre atmenden Flanken beben von Zeit zu Zeit. Sie züngelt auch rasch einmal, als wollte sie etwas im Traume sagen. Sicher wäre es etwas sehr Weises, denn ihr Geschlecht ist uralt und kennt den Wandel in der Welt und im Leben.

Aber die Gänse, ein großer, schnatternder Schwarm, schwimmen über den Teich. Die Hütebuben, barfuß und von der mährischen Sonne braun wie Zigeuner, lassen flache Steine über das Wasser flitzen.

Noch immer geht der Gesang der Glocken über die Felder, aber ein Dengelhammer mischt seinen Schlag hell in das Geläut.

Ich weiß, daß es nur ein Traum ist und daß mich Länder und Grenzen von meiner Heimat trennen. Auch sind es gar nicht die Glocken von Klosterbruck, die ich höre, und es ist nicht die Thaya, die dort unten rinnt. Aber ich spüre doch einen Weinstock hinter mir und seine grünen Blätterhände rühren mich an. Mir ist, als wenn er leise und gütig etwas sagte: Hab' keine Angst, die Zeit rinnt, sie ist an keinen Stock gebunden. Und wo sich heute eine dürre Steppe breitet, dort wächst morgen wieder Brot und Wein und singt ein Kind:

>„Sunnafrau, moch's Türdal auf,
>loß a bissal Sunna raus,
>für deine orman Kinda!"

Karlsruhe, 1966
Herbert Wessely

Zeittafel zur Geschichte Südmährens

bis zur Zeitwende	Kelten in Mähren
bis 375 n. C.	Quaden in Südmähren
375	Einbruch der Hunnen, Beginn der germanischen Völkerwanderung
475	Untergang des Suevenreiches Hunimunds
ca. 480–505	Herrschaft der germanischen Heruler
ca. 505–567	Herrschaft der germanischen Langobarden
570	Gründung des Awarenreiches im heutigen Ungarn
6. Jhdt.	Vordringen der Slawen (tributpflichtiges Lehensvolk der Awaren) nach Westen (Böhmen, Mähren, Ostdeutschland)
623–660	Reich des Samo (fränkischer Kaufmann), das von Böhmen und Mähren bis nach Kärnten reicht
630	Samo besiegt die Awaren und die Franken
650	Der in Bayern wirkende Missionsbischof Emmeram versucht die Slawen zu christianisieren
739	Gründung des Bistums Passau
768–814	Regierungszeit Kaiser Karls des Großen (800 Kaiserkrönung)
791/796	Karl der Große besiegt die Awaren und vernichtet ihr Reich. Die Slawen werden dem Frankenreich tributpflichtig. Ganz Mähren wird der Passauer Diözese zugeteilt.
803–906	Großmährisches Reich
864	Ankunft der Slawenapostel Cyrill und Method in Mähren
906	Ende des Großmährischen Reiches durch den Ansturm der Ungarn
927/929	Kaiser Heinrich I. (919–936) unterwirft Böhmen und die Slawen östlich der Elbe dem Deutschen Reich
933	Sieg Heinrichs I. über die Ungarn bei Riade an der Unstrut
955	Sieg Ottos I. (936–973, 962 Kaiserkrönung) über die Ungarn auf dem Lechfeld bei Augsburg
973	Gründung des Bistums Prag für Böhmen und Mähren; es untersteht dem Erzbistum Mainz
976	Die Babenberger werden Markgrafen der Ostmark
983	Slawenaufstand in den Gebieten östlich der Elbe
993	Das Gebiet um Feldsberg gehört dem Stift Passau
999	Mähren wird von Polen erobert (bis 1025)
1000	Gründung des Erzbistums Gran in Ungarn (durch König Stephan I., den Heiligen) und des Erzbistums Gnesen in Polen unter Mithilfe von Kaiser Otto III. (983–1002), damit Beginn der Verselbständigung des Ostens
11. Jhdt.	Besiedlung der Wiener Ebene durch die Baiern
1018–1021	Mähren ist mit Böhmen vereinigt
1039	Gründung des Kollegiatstiftes Alt-Bunzlau in Böhmen, dem mehrere südmährische Orte zehntpflichtig waren
1043	Feldzug Kaiser Heinrichs III. (1039–1056) gegen die Ungarn; er erwirbt das Land nördlich der Donau bis zur March
1045	Gründung des Klosters Raigern
1048	Brünn und Znaim erstmals urkundlich erwähnt
1056	Lundenburg als Stadt (Laventenburch) urkundlich erwähnt
1061	Konrad, Bruder des Herzogs Wratislaw II. von Böhmen, erhält die Fürstentümer Znaim und Brünn, weil er der deutschen Sprache mächtig ist
1063	Gründung des mährischen Bistums Olmütz, das dem Erzbistum Mainz unterstellt wird
1066	Znaim erhält Marktrechte
1075–1100	Erste Welle der bairisch-hochmittelalterlichen Kolonisation erreicht die Thaya
1083	Brünn als Hauptort Mährens erwähnt
1086	Herzog Wratislaw II. von Böhmen erhält von Kaiser Heinrich IV. (1056–1106) den persönlichen Königstitel
12. Jhdt.	Deutsche Besiedlung Südmährens zwischen Nikolsburg und Mährisch-Kromau durch die Herren von Dürnholz
1109	Gründung des Klosters Trebitsch
1156	Die Babenberger (bisher Markgrafen) werden Herzöge der Ostmark

1158	Herzog Wladislaw II. von Böhmen erhält von Kaiser Friedrich Barbarossa (1152 bis 1190) den persönlichen Königstitel
1160	Bei der Teilung Mährens durch Wladislaw II. kommt Lundenburg an seinen Sohn Břetislaw; von daher rührt der tschechische Name „Břeclav"
1181	Kloster Kanitz durch Wilhelm von Pulyn aus dem Geschlechte der Herren von Dürnholz gegründet
1182	Mähren wird von Friedrich Barbarossa zur reichsunmittelbaren Markgrafschaft erhoben
1185	Schlacht bei Lodenitz; Herzog Friedrich von Böhmen besiegt Herzog Konrad III. von Znaim. Mähren verliert die Reichsunmittelbarkeit und fällt wieder an Böhmen zurück
1190	Prämonstratenserkloster Bruck bei Znaim (Klosterbruck) von Herzog Otto gegründet
1193	Feldsberg gehört bis 1193 den Herren von Passau
1194	Gründung von Neuhaus
1195	Kloster Kumrowitz gegründet
1150—1230	Zweite Welle bairischer Siedler schafft das heutige Südmähren
1198	Die Przemysliden (Ottokar I.) erhalten als deutsche Reichsfürsten die erbliche Königswürde
ca. 1200	Die Witigonen (Herren von Neuhaus, Rosenberg) lassen das Gebiet um Neuhaus roden
1202	Gründung des Klosters Welehrad
1220	Das Gebiet um Neuhaus-Neubistritz ist deutsch besiedelt
1226	Znaim erhält Stadtrechte. Göding wird als Stadt gegründet
1230	König Přemysl Ottokar I. von Böhmen stirbt
1234	Kloster Saar wird gegründet
1240	Brünn erhält Stadtrechte
1241	Die Mongolen dringen in Südmähren ein
1245	Olmütz erhält Stadtrechte
1246	Kumanen, Tataren, Ungarn verwüsten Ost-Südmähren. Schlacht bei Laa an der Thaya; mit Friedrich dem Streitbaren sterben die Babenberger aus
1248	Gründung des Klosters Neureisch
1249	Přemysl Ottokar II., Markgraf von Mähren, schenkt Nikolsburg dem Heinrich von Liechtenstein
1253	König Wenzel I. von Böhmen stirbt, Přemysl Ottokar II. wird sein Nachfolger
1273	Rudolf von Habsburg wird deutscher Kaiser
1278	Schlacht auf dem Marchfeld bei Dürnkrut; Rudolf von Habsburg besiegt Ottokar II., welcher stirbt Einfall von Kumanen in Südmähren Brünn wird freie deutsche Reichsstadt (bis 1283)
1279	Nikolsburg wird Marktgemeinde
1280	Im Frieden zwischen Rudolf von Habsburg und dem Markgrafen von Mähren wird die österreichisch-mährische Grenze festgelegt
1282	Pestepidemie in Mähren
1290	Der König von Böhmen wird deutscher Kurfürst
1306	Die Przemysliden sterben mit Wenzel II. aus; Böhmen und Mähren gelangen vorübergehend an das Haus Habsburg
1311	Böhmen und Mähren kommen in den Besitz der Grafen von Luxemburg (bis 1437)
1322	Friedrich III. von Österreich wird vom Böhmenkönig Johann geschlagen; Südmähren verbleibt endgültig bei der böhmischen Krone
1323	Auspitz erhält Marktrechte
1325	Fratting erhält Marktrechte
1334	Tracht erhält Marktrechte
1336	Groß-Olkowitz erhält Marktrechte
1338	Burg Neuhäusel bei Frain wird erbaut. Frischau erhält Marktrechte
1342	Rausenbruck erhält Marktrechte
1344	Prag wird Erzbistum; das Bistum Olmütz wird ihm unterstellt und von Mainz losgelöst
1347	Pestepidemie in Südmähren Karl IV. von Luxemburg wird deutscher Kaiser (bis 1378; 1333—1349 Markgraf von Mähren, 1346—1378 böhmischer König)

1348	Gründung der ersten deutschen Universität durch Karl IV. in Prag
1349	Schiltern erhält Marktrechte
1351	Dürnholz erhält Marktrechte
1353	Zlabings erhält Stadtrechte
1355	Mährisch-Kromau als deutsche Stadt urkundlich erwähnt
1362	Nikolsburg erhält Stadtrechte
1371	Hosterlitz erhält Marktrechte
	Einfall der Ungarn in Mähren
1378	Wenzel IV., Sohn Karls IV., wird König von Böhmen (bis 1419) und deutscher Kaiser (1400 wegen Unfähigkeit abgesetzt)
1391	Feldsberg kommt an das Haus Liechtenstein
1410	Sigmund, Sohn Karls IV., wird deutscher Kaiser
1415	Johann Hus wird in Konstanz als Ketzer verbrannt
1419–1436	Hussitenkriege
1421	Herzog Albrecht V. von Österreich kämpft in Südmähren gegen die Hussiten (Znaim, Jaispitz)
1423	Kaiser Sigmund übergibt Mähren an Albrecht V. (bis 1439)
1426	Einfall der Hussiten in das Gebiet um Feldsberg
1431	Pestepidemie in Südmähren
1437	Kaiser Sigmund, der letzte Luxemburger, stirbt in Znaim
1439	Pest in Südmähren
1444	Einfall der Österreicher in Südmähren; Verwüstungen
1451	Pestepidemie in Südmähren
1457	Georg von Kunstadt-Podiebrad wird König von Böhmen (bis 1471)
1460	Unter-Wisternitz erhält Marktrechte
1463–1471	Krieg zwischen König Georg von Böhmen und König Matthias Corvinus von Ungarn; Südmähren ist Kriegsschauplatz, viele Dörfer veröden
1464	König Georg von Böhmen vereinigt die Markgrafschaft Mähren mit dem Königreich Böhmen „auf ewige Zeiten"
1477	Friedensvertrag zwischen Österreich und Mähren in Wien
1480	Der Mährische Landtag beschließt, die Landtafel nur in tschechischer Sprache zu führen
1486	Prahlitz erhält Marktrechte
1495	Pest in Südmähren
1497	Schattau erhält Marktrechte
1516	Schaffa und Frain erhalten Marktrechte
1522	Wiedertäufer-Druckerei in Nikolsburg
1524	Grusbach erhält Marktrechte
1526	Böhmen und Mähren fallen an das Haus Habsburg
	Lundenburg erhält Marktrechte
1529	Erste Türkenbelagerung Wiens
1535	Der Mährische Landtag ist in Znaim und beschließt, die Wiedertäufer aus Mähren auszuweisen
	Gefangennahme und Hinrichtung des Wiedertäuferführers Huter
1537	Der berühmte Arzt Paracelsus kommt für zwei Jahre nach Mährisch-Kromau
	Treskowitz erhält Marktrechte
1538	Wostitz erhält Marktrechte
1548	Erdberg erhält Marktrechte
1556	Proßmeritz erhält Marktrechte
1558	Luggau erhält Marktrechte
1560	Bau der Poststraße Wien–Zlabings–Prag
1563	Freistein erhält Marktrechte
1572	Auspitz erhält Stadtrechte
	Gründung der Jesuitenkollegien in Brünn, Iglau, Teltsch, Neuhaus im Zuge der katholischen Gegenreformation
1584	In den verödeten Dörfern Fröllersdorf, Guttenfeld und Neuprerau werden Kroaten angesiedelt
1585	Pausram erhält Marktrechte
1590	Unter-Tannowitz erhält Marktrechte
1599	Kardinal Franz von Dietrichstein wird Bischof von Olmütz

1605	Einfall der Siebenbürger und Ungarn in Südmähren
1606/1608	Kaiserliche Truppen berauben mehrmals Wiedertäufersiedlungen in Südmähren
1610	Lipolz erhält Marktrechte (1730 werden sie an Datschitz verkauft)
1618	Prager Fenstersturz, Beginn des 30jährigen Krieges Die böhmischen Aufständischen ziehen durch Südmähren nach Wien
1619	Die kaiserlichen Truppen unter Dampierre besetzen und verheeren Südmähren; Schlacht bei Unter-Wisternitz
1620	Schlacht auf dem Weißen Berge bei Prag; Sieg der Kaiserlichen über die böhmischen Aufständischen
1621	Einfall der Siebenbürger unter Bethlen Gabor in Südostmähren; Friede von Nikolsburg zwischen ihm und Österreich
1625	Ausweisung der Wiedertäufer aus Südmähren
1629	Eisgrub erhält Marktrechte
1631	Gründung des Piaristengymnasiums in Nikolsburg
1632	Wallenstein stellt bei Znaim ein Heer auf
1636	Kardinal Franz Fürst von Dietrichstein stirbt
1637	Erster Eisenpflug in Südmähren
1642/1647	Die Schweden in Südmähren
1643	Das große Nikolsburger Faß (1010 hl) wird gebaut
1645	Belagerung Brünns durch die Schweden, Eroberung Nikolsburgs. Rosenburg und Maidenburg werden niedergebrannt
1645	Brünn wird endgültig Hauptstadt Mährens
1648	Ende des 30jährigen Krieges
1663	Einfall der Türken in Südmähren
1675	Schamers erhält Marktrechte
1683	Zweite Türkenbelagerung Wiens; das polnische Entsatzheer unter Johann Sobieski durchquert Südmähren
1700	Erbauung des Schlosses Frain durch Johann Fischer von Erlach
1705/1706	Kuruzzeneinfall in Südostmähren (Lundenburg, Gurdau, Pawlowitz werden verwüstet)
1727	Baubeginn an den Kaiserstraßen Wien–Nikolsburg–Brünn und Wien–Znaim–Iglau–Prag
1742	Einfall der Preußen in Mähren in den österreichischen Erbfolgekriegen; Besetzung von Znaim und Nikolsburg
1751	Der heilige Clemens Maria Hofbauer in Taßwitz geboren
1752	Erfindung des Blitzableiters durch Pfarrer Diwisch in Brenditz bei Znaim
1769	Josef II. (Kaiser von 1780 bis 1790) pflügt auf einem Acker beim Dorfe Slawikowitz bei Wischau
1771/1775	Hungersnot in Südmähren; Einführung des Kartoffelanbaues
1773	Aufhebung der Jesuitenkollegien in Brünn, Iglau, Znaim, Teltsch, Neuhaus
1777	Das Bistum Brünn wird errichtet, Olmütz wird Erzbistum
1781	Aufhebung der Leibeigenschaft durch Josef II.; Aufhebung vieler Klöster
1782	Gründung einer Cottonfabrik in Althart bei Zlabings
1784	Eröffnung des ersten Theaters in Znaim
1785	Das Bistum Böhmisch-Budweis für Südböhmen wird gegründet
1793	Karl Postl (Charles Sealsfield) in Poppitz bei Znaim geboren
1804	Gründung einer Glashütte in Rosenau bei Zlabings
1805	Einquartierungen der verbündeten Russen; Einfall der Franzosen; Dreikaiserschlacht bei Austerlitz
1806	Auflösung des Deutschen Reiches
1809	Erneuter Einfall der Franzosen in Mähren; Waffenstillstand von Znaim
1810	Errichtung von Eisengießereien bei Sitzgras und Neubistritz
1811	Vollendung der Kaiserstraße Znaim–Pohrlitz
1815	Gründung des Deutschen Bundes, dem auch Österreich mit Böhmen und Mähren angehört (bis 1866)
1821	Bauernaufstände in Südwestmähren
1829/1831	Bau der ersten Zuckerfabrik Südmährens in Datschitz
1830	Die Schlösser Eisgrub und Feldsberg werden umgebaut
1831	Ruhr und Cholera in Südmähren
1835/1839	Bau der Kaiser-Ferdinand-Nordbahn Wien–Lundenburg–Brünn

1836	Bau der Zuckerfabrik in Groß-Seelowitz
	Einführung der Gas-Straßenbeleuchtung in Brünn
1839/1845	Bau der Eisenbahnlinie Lundenburg–Olmütz
1848	Erhebung von Deutschen und Tschechen gegen den Absolutismus; Aufhebung der Robotpflicht (des Untertänigkeitsverhältnisses) durch Gesetz des Reichsrats auf Antrag von Hans Kudlich
	Erster allslawischer Kongreß in Prag
1849	Gründung der deutschen Technischen Hochschule in Brünn
1851	Bau der Zuckerfabrik in Grusbach
1862	Bau der Zuckerfabrik in Lundenburg
1866	Deutscher Bruderkrieg; Besetzung Südmährens durch die Preußen; Vorfriede von Nikolsburg; Ausscheiden Österreichs aus dem Deutschen Bund
1869/1872	Bau der Eisenbahnlinien Wien–Znaim–Iglau und Grusbach–Lundenburg
1870	Eröffnung der Bahnlinien Wien–Grusbach–Brünn und Grusbach–Znaim
1871	Bau der Zuckerfabrik in Pohrlitz
1873	Eröffnung der Bahnlinie Neusiedl-Dürnholz — Laa an der Thaya
1876	Bau der Zuckerfabrik in Mährisch-Kromau
1880	Gründung des Deutschen Schulvereins in Mähren
1882	Teilung der Prager Universität
1884	Karl Bacher in Waltrowitz geboren
1889	Beginn der Thayaregulierung
1894	Bau der Auspitzer Lokalbahn
1895	Bau der Lokalbahn Pohrlitz–Branowitz
1899	Gründung des Bundes der Deutschen Südmährens
1901	Eröffnung der Lokalbahn Lundenburg–Eisgrub
1902	Eröffnung der Bahnlinie Zlabings–Teltsch
1903	Eröffnung der Bahnlinie Zlabings–Waidhofen an der Thaya
1905	Nationales Ausgleichsgesetz in Mähren
1907	Einführung des allgemeinen Wahlrechts in Mähren
1909	Begründung der südmährischen deutschen Turnbewegung
1914–1918	Erster Weltkrieg
1918	Gründung der Tschechoslowakischen Republik; Thomas G. Masaryk wird erster Präsident (geboren 1850 in Göding als Sohn einer Deutschen)
	Südmähren schließt sich der Republik Deutsch-Österreich an
	Militärische Besetzung der sudetendeutschen Gebiete durch die Tschechen
1919	Friede von St. Germain; das österreichische Gebiet um Feldsberg wird von den Tschechen besetzt
1920	Tschechoslowakische Verfassung ohne Mitwirkung der Sudetendeutschen beschlossen
	Beginnende Tschechisierung des deutschen Siedlungsgebiets
1925	Einweihung des Südmährischen Heldendenkmals bei der Rosenburg bei Klentnitz
1930	Einstellung des Betriebs auf der Bahnstrecke Neusiedl–Laa
1931	Große Arbeitslosigkeit in den Sudetengebieten
1933	Gründung der Sudetendeutschen Partei
1935	Fertigstellung der Thayatalsperre bei Frain und des Elektrizitätswerks
1937	Präsident Masaryk stirbt, Eduard Benesch wird sein Nachfolger
1938	Konferenz von München; die Sudetengebiete werden dem Deutschen Reich angegliedert, Südmähren kommt zum Gau Niederdonau
1939	Böhmen und Mähren werden Reichsprotektorat
1939–1945	Zweiter Weltkrieg
1945	Konferenz von Potsdam; Beginn der Austreibung der Deutschen Böhmens und Mährens nach Österreich und Deutschland

Walfried Blaschka

ÜBERSICHT DER ORTE SÜDMÄHRENS:

Kreis Neubistritz:

Name des Ortes	Fläche in ha 1934	Häuser 1930	Ein- wohner 1930	Proz. Anteil d. Deutschen		Erstmals urkundl. erwähnt
				1930	1910	
Adamsfreiheit, Markt	224	91	413	95	100	1630
Albern	915	123	571	88	98	
Althütten	705	40	162	93	100	
Altstadt, Markt	1157	155	572	73	88	
Artholz	469	54	269	93	100	
Auern	470	46	231	90	100	
Blauenschlag	368	39	224	64	77	1359
Böhmisch-Bernschlag	609	87	425	58	86	
Brunn	621	72	372	96	100	
Buchen	709	83	409	74	78	
Deutsch-Bernschlag	470	29	131	97	99	
Deutsch-Moliken	590	68	311	95	100	
Diebling	823	77	371	78	88	1255
Dobroten	540	30	140	88	99	
Gatterschlag	874	56	271	97	100	
Gebharz	375	42	166	89	100	
Gottschallings	559	73	246	92	100	
Grambach	392	46	208	96	100	
Groß-Rammerschlag	1359	81	382	87	92	
Guttenbrunn	701	73	349	98	100	
Heinrichschlag	567	45	240	87	94	
Heumoth	1092	71	358	53	87	
Höfling	234	20	109	75	91	
Hosterschlag	865	89	446	91	98	
Kain	627	66	302	93	100	

Name des Ortes	Fläche in ha 1934	Häuser 1930	Einwohner 1930	Proz. Anteil d. Deutschen 1930	1910	Erstmals urkundl. erwähnt
Kaltenbrunn	410	30	139	61	95	
Klein-Rammerschlag	297	18	87	60	86	
Köpferschlag	569	41	228	93	100	
Konrads	1382	78	366	91	92	
Kunas	1051	79	414	91	99	
Leinbaum	949	51	239	82	99	
Markel	1105	32	165	78	93	1232
Motten	321	28	138	83	98	
Münichschlag	502	73	354	88	100	1188
Muttaschlag	545	23	134	78	92	
Neubistritz, Stadt	1044	564	2665	84	96	1188
Neudek	383	37	153	53	95	
Neustift	545	68	306	98	98	
Niederbaumgarten	529	51	279	90	95	
Niedermühl	681	74	382	81	95	
Oberbaumgarten	893	86	409	87	98	1359
Obermühl	320	34	205	63	86	
Ottenschlag	864	74	489	72	72	
Poliken	356	50	277	1	2	
Radeinles	781	59	357	30	52	
Reichers	468	49	220	92	100	
Riegerschlag	1372	183	854	87	100	
Romau	441	67	264	88	100	
Ruttenschlag	285	30	151	89	100	
Schamers, Markt	1145	108	531	87	100	1359
Schönborn	372	42	228	45	75	1804
Sichelbach	759	65	332	92	100	
Tieberschlag	639	79	406	94	100	1384
Ulrichschlag	544	60	289	85	98	
Weißenbach	477	23	132	77	100	
Wenkerschlag	1451	126	586	80	90	
Wittingau	379	26	111	80	100	
Zinolten	737	60	329	87	100	
Kreis Neubistritz	38.911		19.897	82	93	

Kreis Zlabings:

Name des Ortes	Fläche in ha 1934	Häuser 1930	Einwohner 1930	Proz. Anteil d. Deutschen 1930	Proz. Anteil d. Deutschen 1910	Erstmals urkundl. erwähnt
Althart, Markt	1746	169	851	38	66	1190
Böhmisch-Rudoletz	792	102	506	57	96	1343
Dantschowitz	539	33	183	71	91	1602
Döschen	848	86	454	67	88	1320
Frauendorf	232	50	201	18	53	1715
Fratting, Markt	1521	107	529	71	100	1115
Hafnerluden	748	62	303	68	98	1331
Holleschitz	468	32	186	91	96	1385
Hostes	423	40	190	81	100	1610
Kalkwiesen (Qualkowitz)	427	43	215	63	80	1351
Kurlupp	1587	83	432	59	82	1466
Laskes	616	36	178	89	100	1466
Lidhersch	784	69	294	95	100	1366
Lipolz	1081	79	313	65	94	1353
Lospitz	417	23	134	75	100	1390
Maires	389	64	216	90	99	1378
Margarethen	274	42	175	75	91	1707
Mittelfeld (Slawathen)	690	53	251	75	88	1350
Modes	1379	99	423	76	96	1466
Mudlau	217	25	140	82	100	1353
Mutten	991	53	234	76	98	1365
Muttischen	527	39	163	95	100	1379
Nespitz	860	37	211	58	91	1330
Neustift	260	32	148	59	93	1349
Petschen	616	61	272	56	80	1366
Piesling, Markt	1178	141	647	56	98	1360
Plospitz	259	10	60	63	84	1527
Qualitzen	616	43	207	85	97	1340
Ranzern	800	55	304	73	97	1257
Sitzgras	1035	78	342	65	98	1301
Stallek	774	52	218	76	100	1466
Stoitzen	769	36	162	74	100	1360
Tiefenbach	467	27	146	73	98	1600
Ungarschitz	427	80	532	12	83	1493
Unter-Radisch	470	45	204	68	54	1466
Urbantsch	407	20	114	85	100	1349
Urwitz	526	31	151	64	85	1369
Wenzelsdorf	118	17	78	94	99	1712
Wispitz	293	36	167	77	96	1353
Wölking	456	89	356	52	92	1360
Zlabings, Stadt	2293	483	2288	80	99	1260
Zoppanz	446	22	121	79	84	1530
Kreis Zlabings	29.767		13.299	67	91	

Kreis Znaim:

Name des Ortes	Fläche in ha 1934	Häuser 1930	Einwohner 1930	Proz. Anteil d. Deutschen 1930	1910	Erstmals urkundl. erwähnt
Altpetrein	784	63	271	83	99	1516
Altschallersdorf	513	132	892	72	95	1307
Aschmeritz	605	118	457	81	100	1259
Babitz	246	62	214	80	98	1330
Baumöhl	1370	73	335	36	88	1191
Bonitz	351	66	261	88	99	1350
Borotitz	1202	190	741	97	100	1225
Chlupitz	385	53	216	94	95	1325
Chwallatitz	1202	99	382	88	99	1498
Damitz	885	138	547	92	97	1353
Deutsch-Konitz	464	119	489	96	99	14. Jh.
Dörflitz	338	65	282	99	100	
Edelspitz	491	107	504	84	95	1328
Edenthurn	726	52	264	77	87	1349
Erdberg, Markt	2051	583	2238	99	100	1131
Esseklee	541	63	317	77	87	1325
Frain, Markt	1368	285	1676	61	97	1210
Frainersdorf	430	125	542	56	90	1786
Freistein, Markt	613	99	361	86	99	1231
Frischau	1782	255	1216	79	100	1202
Gaiwitz	609	81	307	63	99	1346
Gerstenfeld	135	57	273	95	100	1787
Gnadlersdorf, Markt	705	129	565	80	99	1200
Grafendorf	1596	381	1605	89	100	1464
Groß-Grillowitz	993	290	1279	92	99	1225
Groß-Maispitz	1110	135	530	0	0	1052
Groß-Olkowitz, Markt	2058	286	1277	89	95	1190
Groß-Tajax, Markt	3138	711	3257	98	100	1279
Grusbach, Markt	2339	660	2945	74	92	1131
Gubschitz	354	89	341	95	99	1352
Gurwitz	546	183	789	100	98	1505
Hermannsdorf	208	55	248	100	100	1788
Hödnitz	1012	237	1009	88	98	1270
Höflein	3046	521	2423	81	100	1282
Hosterlitz, Markt	1499	345	1284	91	100	1222
Irritz, Markt	854	189	708	94	96	1461
Jasowitz	800	40	184	84	98	1515
Joslowitz, Markt	1616	571	2598	89	100	1249
Kaidling	929	145	621	90	99	1200
Kallendorf	745	166	681	94	100	1284
Kaschnitzfeld	269	41	162	54	94	1785
Klein-Grillowitz	1239	154	626	97	100	1249
Klein-Olkowitz	267	93	400	95	100	1190
Klein-Seelowitz	349	55	222	86	97	1321
Klein-Tajax	1290	229	997	95	100	1191
Klein-Teßwitz	723	204	1079	72	100	1376
Kodau	625	98	372	91	98	1238
Landschau	1434	96	441	94	100	1515
Lechwitz	755	143	575	92	96	1349

Name des Ortes	Fläche in ha 1934	Häuser 1930	Einwohner 1930	Proz. Anteil d. Deutschen 1930	1910	Erstmals urkundl. erwähnt
Lidmeritz	435	39	153	81	94	1358
Liliendorf	146	87	360	71	99	1794
Luggau	1402	108	445	90	99	1190
Mährisch-Kromau, Stadt	4262	666	3476	10	50	1277
Miezmanns	911	275	1097	99	100	1509
Milleschitz	680	78	319	65	98	1515
Mißlitz, Markt	3243	999	4417	44	76	1220
Moskowitz	1108	176	791	88	99	1359
Mühlfraun	444	127	519	84	99	1283
Naschetitz	399	143	534	98	100	1210
Neupetrein	457	31	141	80	88	1535
Neuschallersdorf	283	126	601	95	100	1580
Nispitz	915	126	487	95	100	1625
Oberfröschau	644	84	384	86	99	1499
Oblas	189	114	550	91	98	1294
Panditz	551	97	390	96	98	1358
Pomitsch	434	71	323	96	99	13. Jh.
Poppitz	668	90	346	92	99	1190
Possitz	1625	306	1314	84	99	1225
Pratsch	721	124	527	97	99	1350
Probitz	956	198	879	97	99	1131
Proßmeritz, Markt	326	135	498	94	100	1226
Pumlitz	197	66	298	93	100	1195
Rausenbruck, Markt	967	250	1023	98	99	1190
Schaffa, Markt	996	214	772	57	97	13. Jh.
Schakwitz	313	71	307	100	100	1360
Schattau, Markt	1575	398	2065	63	96	1200
Schiltern, Markt	2566	236	1153	87	98	1349
Schönau	1969	342	1672	75	94	1524
Schönwald	1149	114	629	18	97	1797
Schröffelsdorf	730	55	295	18	76	1786
Selletitz	637	146	572	12	73	1320
Socherl	779	156	710	49	90	1360
Stallek	1167	104	463	85	94	1391
Taßwitz	1475	358	1493	98	100	1234
Teßwitz a. d. Wiese	634	96	392	97	100	1364
Töstitz	677	139	594	94	99	1260
Tullnitz	363	92	388	75	91	
Urbau	1476	258	1138	98	100	1237
Wainitz	577	86	422	73	90	1367
Waltrowitz	704	144	607	99	99	1131
Windschau	605	29	234	58	99	1350
Wolframitz, Markt	742	132	509	84	98	1253
Zaisa	1469	53	223	72	96	1367
Znaim, Stadt	1814	2189	25.855	32	86	1048
Zuckerhandl	1177	179	871	72	87	1226
Zulb, Markt	1886	335	1367	93	100	1225
Kreis Znaim	95.033		102.606	66	91	

Kreis Nikolsburg:

Name des Ortes	Fläche in ha 1934	Häuser 1930	Einwohner 1930	Proz. Anteil d. Deutschen 1930	1910	Erstmals urkundl. erwähnt
Auspitz, Stadt	2743	726	3719	51	88	1240
Bergen	979	259	1031	95	99	1233
Bischofswarth	895	320	1425	1	12	1570
Bratelsbrunn	1199	408	1757	89	100	1249
Dornfeld	393	56	219	95	100	1785
Dürnholz, Markt	3480	690	2896	89	100	1240
Eisgrub, Markt	2642	490	2441	70	92	1222
Feldsberg, Stadt	3802	646	3393	57	97	1190
Frainspitz	998	164	861	77	93	1327
Fröllersdorf	1296	292	1268	17	62	1352
Garschönthal	997	170	732	86	99	1269
Groß-Steurowitz	783	278	1102	98	99	1323
Guldenfurt	1082	234	999	98	100	1355
Gurdau	906	217	965	95	99	1286
Guttenfeld	698	160	699	22	82	1351
Klein-Niemtschitz	518	73	333	84	96	1537
Klentnitz	712	148	556	99	100	1332
Kuprowitz	296	43	251	77	100	1351
Laatz	278	69	272	4	92	1257
Leipertitz	2225	350	1318	95	100	1278
Lodenitz	995	144	854	60	96	1190
Lundenburg, Stadt	3949	1983	13.689	12	44	1046
Malspitz	962	124	515	93	97	1276
Mariahilf	615	111	545	76	98	1700
Millowitz	551	151	597	98	100	1298
Mödlau, Markt	1038	168	744	95	100	1293
Mohleis	588	90	390	73	94	1353
Muschau, Markt	1365	152	730	91	98	1276
Neudek	469	86	350	95	98	1244
Neumühl	329	59	250	73	97	16. Jh.
Neuprerau	621	202	880	17	72	1351
Neusiedl	1755	332	1472	87	100	1271
Nikolsburg, Stadt	4641	1426	7790	82	97	1173
Ober-Themenau	1592	377	1912	1	13	14. Jh.
Ober-Wisternitz	804	194	738	97	100	14. Jh.
Odrowitz	492	62	271	94	100	1284
Pardorf	483	132	451	94	100	1249
Pausram, Markt	1357	279	1184	73	97	1239
Pohrlitz, Stadt	2954	610	4290	28	89	1222
Pollau	1398	280	1089	99	100	1276
Poppitz a. d. Nordbahn	847	316	1376	92	100	1291
Prahlitz, Markt	221	158	590	92	99	1052
Prittlach	1112	219	821	95	99	1218
Pulgram	1473	288	1144	82	95	1244
Saitz	1812	371	1506	85	100	1242
Schömitz	924	87	537	59	93	1390
Tracht, Markt	1390	224	923	90	98	1050
Treskowitz, Markt	1807	313	1359	98	100	1052
Unter-Tannowitz, Markt	1818	656	2778	96	100	1245

Name des Ortes	Fläche in ha 1934	Häuser 1930	Einwohner 1930	Proz. Anteil d. Deutschen 1930	Proz. Anteil d. Deutschen 1910	Erstmals urkundl. erwähnt
Unter-Themenau, Markt	2216	723	3853	5	29	1359
Unter-Wisternitz, Markt	810	168	688	93	100	1334
Urspitz	911	118	725	71	91	1276
Voitelsbrunn	2037	282	1151	74	99	1298
Weißstätten	1376	223	1021	94	100	1322
Woikowitz	828	194	822	50	96	1086
Wostitz, Markt	2546	411	1926	94	99	1276
Kreis Nikolsburg	76.008		86.198	60	86	

Walfried Blaschka

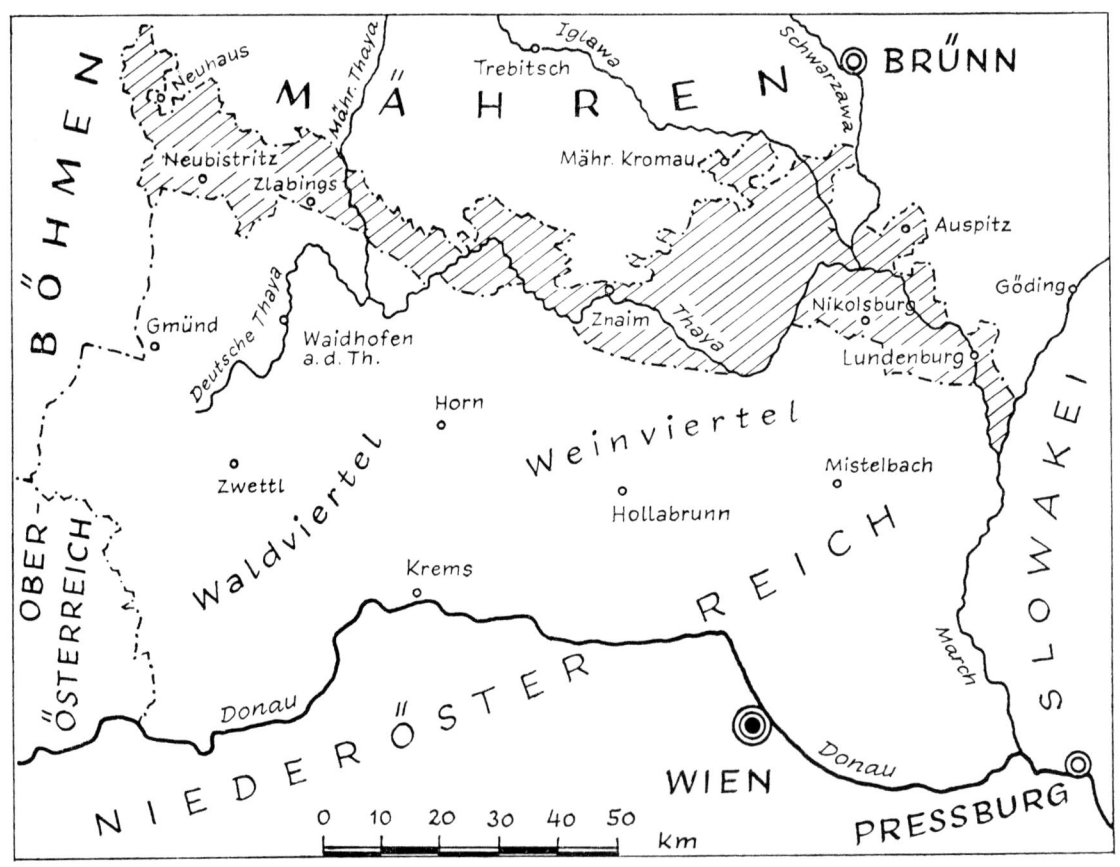

Vereinfachte Lagekarte Südmährens

Südmähren

Seh ich Wind,
rauscht es im Schilf des Marsches...
Denk ich Halle,
rinnt ein Fluss durch Wiesen —
und es ist in mir ein fromm, heißes
Träumen wie vor hundert Jahren...

Seh ich Raben,
geht mir eine Sorge
durch das Leben,
schicksalhaft verschlungen
wie ein grauer, wachsender Gedanke

Bin ich Kind,
verrauscht, was wir gesungen
jung und träumend an den Lagerfeuern,
und in vielen stillen Abendstunden
hat mich dieses Land bezwungen

Herbert Wessely

Blick durch das Schloßtor auf den Marktplatz von Neubistritz – Reproduktion eines Gemäldes der akad. Malerin Paula Müller-Lützenburger. Die Künstlerin wurde 1888 in Neubistritz geboren und starb 1951 in Wien

NEUBISTRITZ UND DER SCHÖNTEICHGAU

Zwischen den fichtendunklen Waldbergen leuchten Teiche und Seen auf, wie Silberbeschläge eines grünen Samtmantels. Voll Einsamkeit und Strenge ist das Land, rauh und karg, eine herbe Waldwelt, die noch eine Ahnung der „silva nortica" (Nordwald) ist.

Oft verlieren sich die kleineren Dörfer wie Einschichten in der Weite der Wälder. Dann wieder erheben sich an Gewässern Burgen und Städte, spiegeln Türme und zinnengeschmückte Mauern, die steilen Giebel der Häuser, Kirchen und Kapellen beschaulich in den fischreichen Weihern. Aber nicht immer waren den Menschen dieser Landschaft friedliche Zeiten der Beschaulichkeit beschieden, denn ihre Heimat war Grenzland, und den Streit der großen Herren und Länder mußten meistens sie bezahlen.

Die fünfblättrige Rose erscheint hier auf manchen Wappen. Es ist das Symbol der Witigonen, die einst ein deutsches Adelsgeschlecht waren (wie die Seefelder, Pernegger und Puchheimer, die mit den Babenbergern in das Land kamen), ehe sie sich selbst slawisierten. Einer von ihnen, jener Zawisch von Rosenberg, der die Witwe König Ottokars II. heiratete, wollte sogar nach der böhmischen Krone greifen.

Unter dem Zeichen der Rose wuchsen die Weiler (von den Grafen zu Raabs gegründet) zu Dörfern und entstanden die Städte dieser Landschaft, deutsche Städte. Bis auch die Kraft der Rose verblühte und die tapferen Herren von Kraig auf ihren Burgen, vor allem der Feste Landstein (u. a. auch Zornstein), das Land hüteten. Unter ihnen blühte die Landschaft am reichsten und freiesten.

Hatten die Menschen der Vorzeit, die ihre frühen Spuren im Znaimer und Nikolsburger Kreis hinterließen, noch nicht in den undurchdringlichen Wald gefunden, so führten doch uralte Handelspfade durch das Dickicht. Münzfunde aus der Zeit Konstantins II. bei Neubistritz beweisen, daß auch den Römern diese Waldsteige bekannt waren. Die vielen Wachtberge dieser Landschaft, an den alten Handelswegen gelegen, kennzeichnen deren große

Bedeutung. Lange Zeit (bis in das 11. Jahrhundert) war der Wald ein ungerodeter breiter Sicherungsgürtel geblieben, der noch zu Ausgang des Mittelalters königseigen war und Markwald hieß. Zur Zeit der dichteren Besiedlung der Ostmark (13. Jahrhundert) begann von beiden Seiten (also von Böhmen und Österreich) her die Rodung. Auf breiter Linie längs der ganzen Grenze durch die Deutschen (die Siedler kamen aus Waldgebieten und waren Meister in der Rodung aus wilder Wurzel; systematisch legten sie ihre Siedlungen an), zögernder und nur an manchen Stellen begannen auch die Tschechen von Böhmen her in den Wald einzudringen. Eigentlich müßte es genauer heißen „die Slawen", denn es waren mehrere Stämme, deren einer die Tschechen umfaßte, die sich später der Führung bemächtigten.

Wie wichtig es für die Babenberger war, dieses Grenzland zu besiedeln und feste Plätze zu schaffen, zeigt schon der Slaweneinfall im Jahre 1156, unter dem besonders Zwettl und Eggenburg zu leiden hatten. Herzog Heinrich erhob deshalb bei Kaiser Friedrich I. (Barbarossa) gegen den Böhmenherzog Sobieslav Klage. Im Jahre 1179 wurde in der Kaiserpfalz zu Eger zur Beilegung des Streites die Grenze zwischen Böhmen und Österreich festgelegt. Es ist die Grenze vom Hochberg bei Weitra über den Schamerser Bach zum Markstein, den Wölkinger Bach entlang zur Thaya bei Althart (mährische Thaya) und bis zur österreichischen Thaya. Die österreichischen Markgrafen, die seit 1156 den Herzogtitel trugen, und die Waldgrafschaften von Retz, Pernegg, Raabs und Heidenreichstein beanspruchten für sich das deutschbesiedelte Land nördlich der Thaya als ihr Eigentum. Die slawischen Fürsten in Böhmen und Mähren desgleichen. Weitere Grenzkriege sind die Folge, und das Volk mußte darunter leiden, denn immer überfielen die Streitenden die wehrlosen Bauern, raubten ihr Vieh, steckten die Dörfer in Brand und schleppten die arbeitsfähigen Männer und Frauen in die Gefangenschaft. In vieler Hinsicht trifft der bittere Vers für unsere Ahnen zu:

> „Die ersten haben den Tod,
> die zweiten die Not
> und erst die dritten das Brot!"

Aber auch dieses war oft genug mit Tränen gewürzt. Freilich hatten es die deutschen Bauern immer noch besser, denn sie waren, auch unter der Herrschaft der böhmischen Herzoge und späteren Könige, nach deutschem Recht für frei erklärt worden. Raubzüge des Adels, die blutigen Hussiten- und Religionskriege, in deren Gefolge meistens die Pest und andere Seuchen auftraten, rotteten die Bevölkerung mancher Orte fast aus. Sie verfielen und wurden nicht mehr aufgebaut. Ihre Namen lebten nur in Sagen oder als Flurbezeichnung weiter.

Fast unglaublich mutet es uns an, daß immer wieder aus Zerstörung und Tod neues Leben wuchs und blühte, daß die Menschen wieder Lust und Freude an schönen Dingen, prächtigen Bauten ihrer Kirchen und der Häuser aufbrachten und nicht wie andernorts das Unglücksland flohen.

In die Stille des Schönteichgaues brach nach Jahrhunderten von neuem das Unheil, in einem Ausmaß, wie wir es heute noch nicht begreifen können. Die Welt schließt vor unserem Unglück gerne die Augen und will nicht einmal die gerechte Anklage hören. Friedliche Menschen, Kinder und Greise mußten den Weg aus dem Waldfrieden in das Elend gehen. Nicht weil die Tschechen das Land gebraucht hätten, es gehörte ihnen ja nie! Von Anfang an war es deutscher Besitz gewesen, urkundlich festgehalten und nicht durch Fälschung und Geschichtsklitterung zusammengelogen.

Nun verfällt nicht nur manches Haus, ganze Ortschaften gibt man dem Verfall preis. Denn in der rauhen Waldgegend muß man bessere Kenntnisse und größeren Fleiß aufbringen, um sich behaupten und dem kargen Boden genügend Frucht abringen zu können als im flachen Land, das meist die Slawen bewohnen ...

Der Wald nimmt sich wieder, was ihm der Mensch durch Jahrhunderte in eisernem Fleiß abgerungen. Die Leistung vieler Bauerngeschlechter muß sinnlos zugrunde gehen, weil die neuen Herren mehr raubten, als sie bewältigen konnten.

SCHÖNTEICHGAU

Aus dem Samt der Wälder
und der Wiesen Seide
leuchten silberne Weiher.

Stille der kleinen Welt,
abseits vom Jagen der Zeit:
Idyll von Wald und Teich ...
Landschaft des Friedens?

In die Stille brach Haß
und fraß sich die Flamme der Gier.
Das Haus steht nicht mehr
an der alten Grenze —
und die Kirche verfällt.

Nur die Waldberge wachen
und ihre lauteren Quellen rinnen.
Rinnen über das alte Gestein,
als ob nichts gewesen wäre —
in den Silberspiegel des Teiches.

Herbert Wessely

LANDSTEIN

Für Josef F. Lache

Über den Wald ragt
in Verfall und Trauer
geborsten der Turm
und zinnenlos die Mauer.

Der Wind singt
in den Luken
und sät der Bäume
Samen auf Simse
und in die verödeten Räume.

Und der Wald nimmt Stück um Stück
den Berg mit Burg und Stein
in die Wildnis zurück.

Noch ragt die Veste,
es trotzt ins weite Land
der geborstene Turm
und der brüchige Mauerrand.

       Herbert Wessely

1. Neubistritz von Süden

2. Blick über den Münichschläger Teich auf die Stadt

 3. Neubistritz — Stadtplatz im Schnee

Der Stadtplatz mit Lukasbrunnen im Vordergrund. Zwischen altem Rathaus (rechts) und Schloß die Dreifaltigkeitssäule und der Turm der Dekanatskirche.

▶ 4. Neubistritz — Stadtplatz mit Schloß (Mitte)

6. Neubistritz — Pestsäule

◀ 5. Arkaden im Schloß Neubistritz

◀ 7. Schloß Neubistritz — Gewölbe im 2. Schloßhof

3. Neubistritz – Zweites Schloßtor. Über dem Tor das Doppelwappen des Grafen Kinsky, Besitzer der Herrschaften Hainsbach, Tollenstein und Neubistritz

9. Die Witigonen-Urkunde vom Jahre 1220 mit dem ältesten bisher bekannten Siegel der Witigonen

11. Titelseite der „Neubistritzer Zeitung" vom 19. Juni 1938 mit dem Ergebnis der Gemeindewahlen vom 12. Juni 1938

◀ 10. Neubistritz — Pfarrkirche und alte Steinbrücke

12. Neubistritz-Fichtau — Dorfkapelle und Feuerwehrzeughaus

13. Adamsfreiheit — Festzug zur 300-Jahr-Feier der Gründung des Ortes im Jahre 1930

14. Adamsfreiheit — Inneres der Pfarrkirche

15. Adamsfreiheit — Festzug zur 300-Jahr-Feier

16. Adamsfreiheit — Schneereiche Winter sind hier nichts Seltenes

17. Albern — Dorfkapelle

18. Althütten — Forsthaus. Das Dorf wurde nach 1945 vollständig dem Erdboden gleichgemacht

19. Altstadt — Marktgemeinde an der Straße von Zlabings nach Neubistritz. Volksschule und Kirche

20. Pestsäule an der Straße von Altstadt nach Deutsch-Bernschlag

21. Marktgemeinde Altstadt

22. Auern bei Altstadt (heute größtenteils zerstört)

23. Blauenschlag

24. Steffl-Marter zwischen Höfling und Blauenschlag

Buchen bei Neuhaus — Blick auf die Westseite

25. Böhmisch-Bernschlag

27. Buchen — Dorfkapelle

▶ 28. Der Burgstaller Felsen bei Neustift

29. Deutsch-Moliken — Dorfkapelle

30. Deutsch-Bernschlag

▶ 31. Dietreichs bei Altstadt

32. Der Augstein in Deutsch-Moliken

33. Dobroten — Dorfkapelle

34. Martin Soukup, *5. 11. 1853 in Ruttenschlag, † 28. 7. 1934, Reichsratsabgeordneter von 1901 bis 1918, Landesausschußmitglied, bedeutender Organisator des landwirtschaftlichen Genossenschaftswesens in Böhmen

35. Der Gatterschläger Teich wird abgefischt (ungefähr 200 Hektar)

36. Abfischen des Gatterschläger Teiches

37. Gebhards - westlich von Altstadt

38. Gottschallings

39. Grambach

40. Großrammerschlag — Genossenschaftliche Spiritusbrennerei

41. Am Rotwehrteich. Dieser Teich hat zwei Abflüsse; einen nach Norden in den Kleinen Rammerschläger Teich und einen nach Süden in den Gatterschläger Teich (Naturschutzgebiet — Möweninsel)

42. Gedenkstein für Gregor Tröscher, der lange vor Hans Kudlich für die Bauernbefreiung kämpfte (Heinrichschlag bei Neuhaus)

43. Der Beistein bei Guttenbrunn

44. Liefergang im Winter. Die Frau eines Leinenwebers aus Sichelbach trägt am Wochenende in einem Grastuch („Grostuah") den fertigen Ballen Leinwand in den sechs Kilometer entfernten Marktflecken Altstadt

45. Hosterschlag — Pfarrkirche

. Heinrichschlag — Dorfkapelle

47. Kain bei Altstadt

48. Kaltenbrunn — Dorfanger

49. Kloster —
Die Klosterkirche,
Blick von Westen

50. Kloster —
Die Klosterkirche
von Osten

51. Kloster —
Hochaltar der Kirche

52. Kirche in Kloster — Teilstück des Altars mit einer kunstvoll geschnitzten Kreuzabnahme

53. Kloster — Wappen der Slawata über dem Kirchenportal. Die Gattin des Grafen Wilhelm Slawata war die letzte Rosenbergerin. Die Kirche wurde in den Jahren 1668 bis 1682 erbaut

54. Kloster — Der „Baum des Lebens" (Schnitzerei)

55. Kloster — Pestsäule im Rauhreif

56. Köpferschlag

57. Konrads

58. Kunas

59. Markl mit der Ruine Landstein

60. Burgruine Landstein im Zustand des Jahres 1880. Nach einer Zeichnung von Dr. Karl Schützner. Die Burg wurde im 12. Jahrhundert erbaut und im Dreißigjährigen Krieg ausgehungert. Durch Blitzschlag 1771 zum Teil eingeäschert und nicht mehr aufgebaut

62. Münichschlag

61. Teilansicht der Ruine Landstein

63. Neudek — Nördlichste Siedlung Südmährens

64. Stadt und Schloß Neuhaus (1220 von Heinrich v. Neuhaus gegründet)

65. Neuhaus — Innenhof im Schloß mit Arkaden

66. Hammermühle bei Neustift

67. 's Feichtla Hoarstu(b)n bei Neustift

68. Niedermühl

69. St.-Johannes-Kapelle bei Niederbaumgarten

70. Niederbaumgarten — Dorfkapelle

71. Oberbaumgarten — Blick von Norden

72. Holzwehrteich bei Oberbaumgarten

73. Ottenschlag bei Neuhaus

74. Radeinles

75. Reichers — Dorf an der österreichischen Grenze (nach 1945 zerstört)

76. Riegerschlag

77. Wegkreuz bei Ruttenschlag

78. Pestkreuz an der Straße von Schamers nach Neubistritz

79. Schamers — Alte Festtracht

80. Einsamer Bauernhof in der Gegend von Schamers

81. Schamers — Ansicht von Süden

82. Schönborn — 1938 vom Deutschen Kulturverband erbaute Schule

83. Teichlandschaft bei Sichelbach (Aspe-Teich)

84. Tieberschlag

85. Mahnmal in Reingers (Niederösterreich). 1965 von den Heimatvertriebenen des Kreises Neubistritz zum Gedenken an die Opfer der Austreibung errichtet. Das Denkmal steht in der Nähe der jetzigen Staatsgrenze, gegenüber der nach 1945 völlig zerstörten Ortschaft Althütten

86. Neubistritz-Thiergarten — Holzkapelle

87. Ulrichschlag

88. Wenkerschlag

89. Wittingau — Schloßmühle (nach 1945 zerstört)

90. Zinolten — Gesamtansicht der einst beliebten Sommerfrische

Das Wappen der Stadt Zlabings trug ursprünglich nur die fünfblättrige Witigonenrose der Herren von Neuhaus. Das älteste Stadtsiegel dieser Art läßt sich schon 1369 nachweisen. Seit 1651 findet nebenstehendes Wappen (von Kaiser Ferdinand III.) Verwendung.
Auf lasurblauem viergeteiltem Schild die fünfblättrige Rose, Palisaden (links unten) und ein Fallgatter in Gold.

ZLABINGS UND SEIN LÄNDCHEN

Wo die drei Länder Österreich, Böhmen und Mähren im äußersten Südwesten unserer Heimat zusammentreffen, liegt die uralte Grenzstadt Zlabings. In einem weiten Talkessel, geschützt von den bergigen Ausläufern der Böhmisch-Mährischen Höhe, erhebt die ehrwürdige Tuchmacherstadt ihre Türme und Giebel. Der Altbach, den Westrand Zlabings berührend, fließt von hier aus gegen Süden, über die sehr nahe Grenze nach Österreich der deutschen Thaya zu.

Die besondere Bedeutung der Stadt liegt schon von Anbeginn in der grenznahen Dreiländerlage. Diesem Umstand trägt auch die Anlage des Ortes Rechnung, denn der Stadtplatz mit seinen altertümlichen Giebelhäusern und Laubengängen ist dreiseitig; auch drei Tore, von denen noch zwei erhalten sind, schützten die Zufahrtstraßen der Stadt. Diese Verkehrswege führen westwärts gegen Waidhofen und Neubistritz, durch das Nordtor gegen Neuhaus und Iglau, vom Südosttor aus gegen Mährisch-Budwitz und Drosendorf. Die Stadt wurde bald zu einem wichtigen Verkehrszentrum und befestigten Waffenplatz.

Schon im 12. Jahrhundert, während des dichteren Siedlungsausbaues der Ostmark durch die Babenberger, wurden Zlabings und sein Umland miteinbezogen. Wie in ganz Südmähren, so waren es auch hier vor allem die Grafen von Pernegg und Seefeld, die den kolonisatorischen Ausbau dieser Landschaft betrieben. Unter ihrem mächtigen Schutz wurde Neuland bis tief hinein in den Grenzwald gerodet. Diese Bemühungen der Deutschen waren ganz im Sinne des Přemysliden Ottokar I., denn sie bedeuteten eine willkommene Hilfe bei der Gewinnung neuen Lebensraumes.

Schon im Jahre 1260 wird Zlabings als Pfarrsiedlung erwähnt. 1277 erhielt der Ort durch Ottokar II. erste wertvolle Privilegien, außerdem beauftragte er Ulrich von Neuhaus, Zlabings aus strategischen Gründen zu befestigen. Bis zum Jahre 1604 gehörte die Stadt von nun an dem Geschlechte der „Herren von der Rose", die damals das ganze südliche Böhmen beherrschten. Die Befestigung der Stadt, zum Teil auch heute noch erkennbar, rettete diese während der kriegerischen Unruhen der kommenden Jahrhunderte oftmals vor der Vernichtung.

Wenn auch bis heute die Stadt ihren vorwiegend bäuerlichen Charakter behielt, so waren es doch hauptsächlich Handel und Gewerbe, die zum Reichtum und zur besonderen Blüte beitrugen. Schon zu Ende des 13. Jahrhunderts führte man Salz aus Österreich durch die Stadt, und König Wenzel II. verlieh den Bürgern das Recht, Warenlager zu errichten und von den durchziehenden Kaufleuten Maut zu erheben. Die wichtigste Zunft bildete das Tuchmachergewerbe, dessen Statuten Zacharias von Neuhaus 1401 bestätigte. Ihr folgten die Innungen der Fleischhauer und der Bäcker, die als die reichsten Bürger der Stadt auch die prächtigsten Häuser besaßen. Aus dieser frühen Blütezeit (14. Jahrhundert) blieben nur Teile der Stadtbauten erhalten. So die dreischiffige Basilika der Pfarrkirche St. Marien und das Rotenturmtor, wenigstens in seiner Grundgestalt. Von den gotischen Wohnhäusern ist bis heute ein zweistöckiges Haus (Bahnhofstraße 136, beim früheren Österreichischen Tor) vollständig erhalten. Auch das alte Spital mit der schlichten Kirche des heiligen Johannes des Täufers und vor der Stadt die Wallfahrtskirche zum Heiligen Geist gehören der gotischen Epoche an.

Wenn sich auch die Stadt gegen die Anstürme der Hussiten siegreich behauptete und nicht das furchtbare Schicksal anderer Nachbarstädte teilte, in denen damals das Deutschtum blutig ausgerottet wurde, so verarmten doch die Bürger, und es dauerte über ein Jahrhundert, bis wieder eine neue Blüte der Stadt einsetzte.

Ein besonderer Freund und Förderer der Stadt war Graf Zacharias von Neuhaus. Während seines Patronats, er lebte von 1530 bis 1589, geschah der einmalige Aufschwung des Zlabingser Bürgertums. Diese Epoche eines verhältnismäßig gleichbleibenden Friedens hat in ihrer großen Baufreudigkeit das Bild der Stadt fast so wie es sich uns heute noch zeigt, geprägt. Die Bürger, reich und durch großzügige Sonderrechte unabhängig geworden, wußten auch zu leben. Sie gaben ihren Häusern die prächtigen Fassaden mit dem reichen Schmuck von Skulpturen um Tor, Erker und Fenster. Andere zierten die Schauwände ihrer Behausungen mit den damals beliebten Kratzmalereien (Sgraffito), oft zwei- bis dreifarbig, in ausgesuchter Pracht und Schönheit. Aber auch das Innere der Häuser statteten sie auf das prächtigste aus. Da schwingen sich Diamantgewölbe von seltener Schönheit wie edelste Tropfsteingebilde ausklingend über die Räume. Die Wände sind oft reich mit Fresken oder mehrfarbigen Sgraffiti ausgeschmückt. Immer neue Überraschungen tun sich dem Beschauer auf. Es ist, als ob die Bürger der Stadt mit anderen großen Städten und Adelssitzen wetteifern wollten. So strahlt bis heute noch der Glanz der Renaissance aus dem Bild der kleinen alten Grenzstadt. Man kann nur mit Staunen diese baulichen Kleinodien, die uns glückliche Umstände und das Traditionsbewußtsein des Zlabingser Bürgertums bis heute erhalten haben, betrachten.

Als die allzu große gewerbliche Nüchternheit des vorigen Jahrhunderts nicht nur die zu eng gewordenen Stadtwälle zu schleifen begann, sondern auch bedenkenlos Tortürme und alte, wertvolle Bauwerke abriß, da hielten die Zlabingser auch hierin Maß.

Es ist ein Wunder, daß das schwere Schicksal der Stadt während des Dreißigjährigen Krieges noch so viel von dem Abglanz der Blütezeit des 16. Jahrhunderts bestehen ließ. Es war eine ununterbrochene Kette der Leiden für das schutzlose Bürgertum. Die wechselnden Besatzungen, ob Schweden oder Kaiserliche, wetteiferten nur in der Erfindung neuer Gewaltmaßnahmen, um den Bürgern das Letzte zu nehmen. Raub, Mord und Seuchen, verbunden mit unsäglicher Not, lasteten auf zwei Generationen. Es dauerte wieder fast ein Jahrhundert, ehe sich die Stadt von neuem erholte. Die frühere Blüte aber hat sie nie mehr erreicht. Im Zuge der Gegenreformation mußten viele alteingesessene Bürgerfamilien die Stadt verlassen. Die besondere Tragik dieses Vorganges liegt in der Schwächung des Deutschtums unserer Heimat.

Noch bis in das 19. Jahrhundert aber wirkte sich die wichtige Straße von Wien nach Prag für Zlabings segensreich aus; wenn sich auch erst lange nach dem Dreißigjährigen Krieg Handel und Wandel langsam zu rühren begann. Große Hemmnisse erstanden nun aber durch die vielen Mautstellen und Grenzzölle. Als nun gar 1750 die Poststraße von Wien nach Prag über Znaim und Iglau geführt wurde, war es mit der Bedeutung der Grenzstadt vorbei. Freilich, für die Erhaltung des altertümlichen Gepräges der Stadt wurde es zum Glücksfall. Die verarmten Bürger konnten sich keine zeitgemäßen Umbauten leisten, und so fielen dem allgemeinen Drang der Neuerungen im 19. Jahrhundert nur wenige der alten Prachtbauten zum Opfer. Leider darunter das altehrwürdige Rathaus, in dessen Räumen eine kluge, maßvolle Bürgerschaft für die größtmögliche Freiheit der Stadt schon seit dem 14. Jahrhundert gesorgt hatte. Der Rat verstand es zumeist, mit Erfolg gegen Grundherren und Landesfürsten die verbrieften Rechte zu verteidigen. Er führte, trotz der Oberhoheit durch die Grundherrschaft, das Stadtregiment. Der Rat bestand aus dem Primator, dem Stadtrichter und zwölf Räten. Alle Würden waren ehrenamtlich. Nur der Stadtschreiber, eine der wichtigsten Persönlichkeiten, war im Sold der Gemeinde wie die niederen Stadtbediensteten: Büttel, Torwärter, Nachtwächter und Türmer.

Das Stadtgericht hatte volle Gewalt über Leben und Tod aller Bewohner von Zlabings, Kadolz, Lexnitz und Petschen. Erst 1754 verlor die Stadt die hohe Gerichtsbarkeit.

Mehr noch als die befestigte Stadt aber litten die ungeschützten Ortschaften des Zlabingser Ländchens während der großen Kriege (Hussiten- und Dreißigjähriger Krieg), aber auch in den vielen Grenzstreitigkeiten und Scharmützeln der Grundherren untereinander. Nach dem Grundsatz: „Haust du meinen Bauern, hau ich deinen Bauern!" überfielen sie gegenseitig die Dörfer und brandschatzten sie. Auch die Pest forderte unersättlich ihren Zoll. Sie leerte Haus um Haus, Dorf um Dorf. Oft jahrelang hauste sie im Landgebiet. Noch heute künden die vielen Pestsäulen von dieser furchtbaren Zeit.

Einen seltenen, aber bedeutungsvollen Lichtblick aus diesen schweren Zeitläuften wollen wir nicht übergehen. Es ist die damals nicht übliche Befreiung eines leibeigenen Bauern aus der sonst unlösbaren Untertanenpflicht. Hans Retzitzkey von Retzitz auf Schloß Maires ließ seinem Untertanen, „dem ehrbar und bescheiden Philipp Dörer", auf dessen Wunsch und Bitte diese Gnade großmütig angedeihen.

Heute, nach der brutalen Vertreibung seiner angestammten deutschen Bürgerschaft, teilt Zlabings doch nicht das tragische Geschick vieler sudetendeutscher Orte, die man verfallen läßt.

Im Gegenteil, die Baudenkmäler werden gepflegt! Denn man ist stolz (z. B. auf der Weltausstellung in Brüssel, wo man außer Riesenbildern Gipsabgüsse der bedeutendsten Diamantgewölbe zeigte!) auf die Renaissancestadt.

Trotz deutscher Aufschriften, besonders auf den Bildtafeln des Zunfthauses der Brauer, gibt man Zlabings als den Inbegriff tschechischer Kulturleistung aus — und die Welt glaubt es.

Ein Trost ist, daß es das Schicksal wenigstens mit der Stadt wohlmeint. Wir wollen sie als ein Kleinod deutschen Baugeistes unvergessen im Herzen bewahren.

ZLABINGS

Für Franz Sprinzl

Ist eine alte Stadt jenseits der Jahre.
Wie die Traumwelt einer Sage
blüht sie in Giebeln und leuchtet in Türmen auf.

Die Häuser der Bürger,
reich verziert und bemalt,
sind von Sternengewölben getragen.
In den Säulengängen der Lauben
raunt die Märe,
hallt das Echo der Jahrhunderte,
hell und düster, freundlich und bitter.

Zünfte wahrten das alte Recht,
Bürgersinn schuf diese stille Pracht
kunstreich und stolz: die eigene Stadt.

Bewahrt durch der Zeitläufte Wandel,
von Krieg und Frieden,
von Gnadensonne und Nacht.

Alte, geliebte Stadt, jenseits der Jahre
aus Steinen erblüht,
fern, aber mehr als ein Traum ...

Herbert Wessely

MITTAG AUF DEM WACHTBERG

Ein Grillenchor sirrt seine Weise,
die Bienen summen auf der Halde.
Und traulich träumt nur fern und leise,
ein Kuckucksruf aus tiefem Walde.

Von goldenhellen Flimmergluten
im Mittagswinde überflogen,
spielt Sonnenglanz auf reifen Fluten
des Korns, die leise talwärts wogen.

Dort glänzt die Stadt. Und süß erschrocken
wie im Gebete stehn die Ähren,
wenn mild im Klang der Mittagsglocken
die goldnen Wellen wiederkehren ...

      Johann Gabriel Anderle

NACHTS UNTER DEN LAUBEN

Von mildem Mondblau flimmernd umsäumt
steht der alte Turm und träumt
den Traum der Ewigkeit.

Und wo über zackige Giebel hin
huschend die Wolkenschatten ziehn,
schläft die steingewordene Zeit.

Ein Stundenschlag versummt in die Nacht —
da ist eine seltsame Stimme erwacht,
die wie aus Traumfernen grüßt:

„Alle meine Herrn und Fraun, ich mach euch kund,
der Glockenstreich die zwölfte Stund' . . .
Gelobt sei Jesus Christ!"

Im Stadttor verliert sich die Melodei,
fern schwankt ein Laternenlicht vorbei
und wieder ist Stille weit.

Der Marienbrunnen nur rauscht sein Lied
und durch die dunklen Lauben zieht
ein Hauch der Ewigkeit.

Johann Gabriel Anderle

91. Zlabings — Gesamtansicht der Stadt von Osten. Der wehrhafte Turm der Stadtkirche erhebt sich wachsam über das Gegiebel der alten Bürgerhäuser. Im Hintergrund die Fronleichnamskirche

92. Von überallher im Weichbild der Stadt grüßt der 60 Meter hohe Turm der gotischen Pfarrkirche. In sieben Stockwerken erhebt er sich bis über die Galerie. Von dort ab krönt ihn ein hoher Barockhelm. Am 10. August 1549 wurde er vollendet. Alle Bürger, besonders aber die Tuchmacher, halfen beim Turmbau mit

93. Blick vom Turm auf den Unteren Platz in westlicher Richtung zur Fronleichnamskirche

◄ 94. Die berühmten Lauben- und Giebelhäuser des Unteren Platzes. Hauptsächlich in der größten Blütezeit der Stadt, im 16. Jhdt., entstanden. Bemerkenswert die „Sgraffitobriefe" der rechten Häuserfronten

▼ 95. Der sogenannte Röhrkasten (das Wasser wurde ihm durch Holzrohre zugeleitet) mit der schlanken Mariensäule. Die Rose der Witigonen ziert die Umfassung des Brunnens

96. 600jähriges Lagerhaus, im Hof des Hauses Nr. 16 am Unteren Platz. Hier wurde seinerzeit hauptsächlich, neben anderer Ware, Salz aufbewahrt

96 a: Mit Lindenzweig und Lotosblättern verzierte Kreuzwölbung im „Maßhaus" des Hauses Unterer Platz Nr. 25 (Vorhaus, wo die Waren, hauptsächlich Tuch, ausgemessen wurden)

96 b. Hier, in der Diamantwölbung des Maßhauses (Unterer Platz Nr. 46), übertraf sich der Baumeister selbst. Das Kreuzigungsbild über der Tür ist ein farbiges Sgraffito.

96 c. Haus Unterer Platz Nr. 24 zeigt in seiner Vorhalle in besonders ausdrucksvoller Schönheit ein Diamantgewölbe. Die Rippenenden tragen die Initialen L E. Der Erbauer der Renaissancehäuser der Stadt hieß Leopold *Esterreicher*

97. Das Haus Unterer Platz Nr. 45 wurde 1543 erbaut. In edler Rautenform hebt sich das Diamantgewölbe über den Flur des Oberstockes. Die Abschlußzapfen der Wölbungen hängen wie Tropfsteine in den Raum

98. Das Maßhaus, Nr. 45 (unterer Flur), trägt eine breite Wölbung mit farbigen (rot, schwarz, grau, weiß) Kreuzrippen. Der Schlußstein im Geviert der Scheitelhöhe hat die Form eines fratzenhaften Kopfes (gotisch)

99. Über dem Eingang des Maßhauses (Unterer Platz Nr. 46) wölbt sich vor der Diamantdecke ein mit der fünfblättrigen **Rose** der Rosenberger reichverzierter Bogen

100. Ecke im Zunftsaal der Bierbrauer (Haus Nr. 45). Links ein vermauertes Renaissanceportal in rötlichem Sandstein mit der Jahreszahl 1549. Darüber verschiedene Wappen. Rechts das Sgraffitowappen des Zach. v. Neuhaus

▶ **101.** In 21 Bildern schmückt der Zyklus der Apokalypse (aus der Offenbarung des Johannes) drei Wände des ehemaligen protestantischen Betsaales (Stadthaus Nr. 85)

102. Das Stadthaus, Nr. 86, am Oberen Platz trägt rechts am Erker die Jahreszahl 1547/48 und (u. a.) den Spruch: „Der nebe der Strassen pawen (bauen) will / der muess haben der meist vil. / Der jedem wil pawen recht / dem einen ist's krum — dem andern geschlecht." Die Sgraffiti stellen biblische Motive dar (von der Erschaffung der Welt [oberste Giebelfläche] bis zum Abschied des Tobias [über dem Tor]). Als Hauszeichen ist außer dem Wappen Adams v. Neuhaus ein dampfender Seifensiederkessel zu sehen

Haus Nr. 90 hat einen sogenannten venezianischen el, darunter über die Hausbreite ein erkerartiger au. Die Sgraffiti (in Braun und Ocker) stellen en des Alten Testaments dar, u. a. im obersten Kain und Abel

Im Oberstock des Hauses 90 eine reizvoll mit zarten arbeiten verzierte flache erdecke

▼ 105. Der St.-Floriani-Brunnen mit dem Erkerhaus Nr. 86

▲ 106. Das Haus Nr. 88 trägt einen attischen Giebel. Die Fassa(de) ist mit schwarz-weißer Kratzmalerei geschmückt. Im Feld d(es) 2. Stockes sind es antike Motive, u. a. der Sturz des Ikarus. I(m) Mittelfeld Goliath und David, darunter eine Reihe Bildnisse v(on) Habsburger Erzherzögen. Das Haus wurde 1515 erbaut

107. Oberer Platz, Blick vom St.-Floria(ni-)Brunnen zum östlich(en) Stadttor, dem der Turmhelm fehlt

108. Oberer Platz, Durchblick zum Turm der Stadtkirche. Links eines der wenigen gotischen Häuser mit spätgotischem Giebelaufsatz

0. Die sogenannten venezianischen Giebel auf dem beren Platze

▼ 109. Blick vom Turm über den Oberen Platz und die Lange Gasse

Schon der ausgedehnte Tuch-, Wein- und Salzhandel brachte der Stadt Wohlstand. Aber seit der Errichtung der Poststraße stieg nicht nur der Reichtum; die Verbindung mit der großen Welt, das Wetteifern mit den Nachbarstädten (besonders Teltsch) führte zum Aus- und Umbau von Zlabings in so hohem Maße, daß man die Renaissance das goldene Bauzeitalter der Stadt nennen kann.

111. Lauben des ehemaligen Herrenhauses der Rosenberger

112. Die „Alte Post", der Malerwinkel. Zlabing hatte die älteste Poststation Mährens. Die Postroute zwischen Wien und Prag, wo Rudolf II. eigentlich residierte, führte durch die Stadt

Laubengänge reden
eine seltsame Sprache.
In den Gewölben ist Duft
von Wachs und Honig,
Ruch von Äpfeln und Brot.
In den Schritt
hallt das Echo der Zeit ...
Wenn auch der Mörtel bröckelt,
Gewölbe stürzen nicht ein.

H. W.

113. Teil der Unteren Rathaushalle. Das Rathaus wurde 1556 umgebaut und zeigt noch heute, nach mehreren Renovierungen, Reste der alten Pracht. In den Rauten des Gewölbes zeigt sich wieder mehrfach die Rose der Witigonen.

114. Der Hauptaltar der Pfarrkirche Mariä Himmelfahrt, die aus dem 14. Jahrhundert stammt. Es ist eine dreischiffige gotische Basilika, die trotz aller Umbauten die Kraft des alten Baues behielt

115. Die eindrucksvolle Kreuzigungsgruppe des Kreuzaltars, noch mit spätgotischen Merkmalen, um 1530

116. Die Apostelgruppe, um 1450 von einem unbekannten Meister aus einem Stück geschnitzt. Bemerkenswert die individuelle Abwandlung der Apostelgestalten

▲ 117. Das Rotenturmtor wurde im 13. Jahrhundert angelegt, um 1400 in der heutigen Grundgestalt ausgebaut. Im Volksmund heißt er „Knödelturm" nach dem früheren Zwiebelhelm (um 1720)

Das erst im 19. Jahrhundert aufgesetzte Türmchen gab durch seine rote Farbe dem Torturm seinen jetzigen Namen.

118. Rotenturmstraße mit Erkerhäusern Nr. 15 und 16, im Hintergrund eine zinnengeschmückte Hausfassade

119. Im Hause Nr. 15 in der Rotenturmstraße befinden sich im Oberstock gotische Steinsitze, Freskomalereien mit Wappen des Zach. v. Neuhaus und der Kath. v. Waldstein. Die Inschriften, wie auf dem Erkerteil, sind leider unleserlich

Zlabings hatte einen doppelten Mauerkranz mit dem tiefen Stadtgraben. Von vier Mauertürmen bestehen noch zwei und ein Teil der inneren Stadtmauer.

120. Rest der Stadtbefestigung, einer der vier Ecktürme der inneren Umwallung aus dem 13. Jahrhundert unter König Ottokar II.

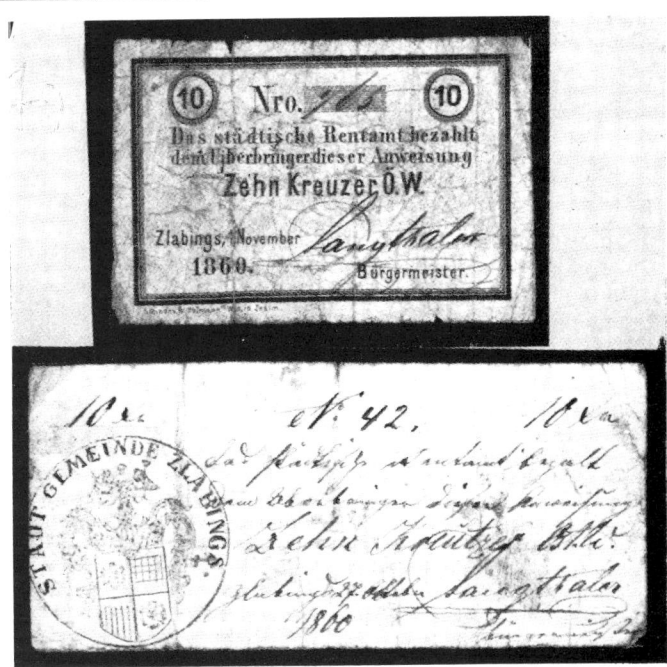

121. Notgeld aus dem Jahre 1860 (österreichische Wirtschaftskrise mit Staatsbankkrach)

Nachtwächterruf aus Zlabings

122. Der alte Nachtwächterruf aus Zlabings war in der gleichen oder etwas abgewandelten Art auch in anderen südmährischen Orten noch bis in das 20. Jahrhundert üblich.

123. Das reichverzierte Friedhofstor aus dem Jahre 1586 wurde in die Schauwand der erst 1708 erbauten Friedhofskapelle eingebaut. Zwischen den Wappen Christus auf dem Regenbogen.

124. Inneres der Friedhofskapelle. Die holzgeschnitzte Kreuzigungsgruppe des Hochaltars

125. Fronleichnamskirche vor der Stadt. 1279 wurde nach der Sage die hl. Hostie geraubt und unter Steinen im Feld verborgen. Im Frühjahr des Jahres 1280 wurde sie in wunderbarem Feuerschein von Hirten gefunden. Über dem Steinhaufen wurde erst eine Kapelle und 1478 das heutige, auch Heilige-Geist-Kirche genannte, Gotteshaus gebaut

125 a. Prof. Dr. Johannes Reutter

◄ *Prof. Dr. Johannes Reutter ist am 30. November 1884 in Altstadt geboren, verlebte aber einen Großteil seiner Jugend in Zlabings bei der „Österreicher-Großmutter". Nach Gymnasium und Wiener Universität (Doktor der Philosophie 1907) wurde er als Professor an die Staatsgewerbeschule in Brünn berufen, wo er bis zur Vertreibung 1945 seinen Dienst tat. Er war Mitarbeiter des Historikers Prof. Dr. Berthold Bretholz und Regierungsrats Paul Strzemcha-Kirsch. 1913 erschien seine „Geschichte der Stadt Zlabings", für die er das Ehrenbürgerrecht erhielt. In vielen führenden Zeitschriften war er begehrter Mitarbeiter, u. a. in der Zeitschrift des Deutschen Vereines für die Geschichte Mährens und Schlesiens, dessen Vorstand er später war. Am 22. Juli 1950 verschied der Unermüdliche in Donauwörth.*

► *Prof. Dr. theol. et phil. Theodor Deimel ist am 30. Oktober 1866 in Zlabings geboren. Am 25. Juli 1890 wurde er zum Priester geweiht. Am 4. Juni 1913 erwarb er das Philosophiedoktorat. Seiner Feder entstammen eine Reihe von Büchern philosophischen, pädagogischen und geschichtlichen Inhalts. Seit seinem Übertritt in den Ruhestand wirkte er in seiner Heimatstadt im Bezirksbildungsausschuß, in der Jugendfürsorge, im Turnverein, aber vor allem als Heimatforscher und Betreuer des Museums. Er blieb als letzter Deutscher bis zu seinem Tode am 28. Dezember 1952 in Zlabings. Sein Landsmann J. G. Anderle verewigte ihn als „Hirt ohne Herde".*

125 b. Prof. Dr. Theodor Deimel

125 c. Oberlehrer Rudolf Hruschka

◄ *Oberlehrer Rudolf Hruschka ist am 10. Mai 1881 in Riegerschlag geboren. 1900 absolvierte er die Lehrerbildungsanstalt in Budweis in Böhmen. Unermüdlich war er als Heimatforscher tätig und hat manches Volksgut vor dem Vergessen bewahrt. Aus seinen zahlreichen Schriften einige Titel: „Der Räuber Grasel in Böhmen und Mähren" (1930), „Joh. Peter Ritter von Flick und seine Erben" (1935), „Die Geschichte des Würfelzuckers" (1936), „Der Bauernaufstand 1775 in Rudoletz und Datschitz" u. v. a. Kurz vor seinem Tode wurde er durch die Verleihung des Bundesverdienstkreuzes geehrt. Er starb am 6. November 1961.*

125 d. Johann Gabriel Anderle

Johann Gabriel Anderle ist am 3. April 1899 zu Zlabings geboren, hatte sich am Ende des zweiten Weltkrieges als freischaffender Schriftsteller in Roseggers Waldheimat niedergelassen und dort bald auch ein reiches Betätigungsfeld für seine nimmermüde Arbeitskraft gefunden. Neben seiner umfangreichen journalistischen Tätigkeit arbeitete er u. a. auch an einem Mürztaler Heimatroman „Die Himmelsleiter", in dessen Mittelpunkt der Erwecker des steirischen Volksliedes, Jakob Eduard Schmölzer, steht. Seine große Liebe gehörte vor allem aber der Pflege des Andenkens an Peter Rosegger und der Bewahrung alles dessen, was der große Dichter der Welt hinterlassen hat. Am 26. Juni 1957, am Sterbetag Peter Roseggers, dessen geistiges Erbe er mit Liebe betreute, und fast zur selben Stunde, erlag der Schriftsteller und Kustos des Rosegger-Museums, Johann Gabriel Anderle, im 59. Lebensjahr einem Blutsturz. 1923 erschienen zwei seiner Lyrikbände: „Der farbige Abglanz" und „Traum und Alltag", 1925 die Novellenbände „Die Mauer" und „Schmerzhafter Rosenkranz". Sehr beliebt waren seine „Ergötzlichen Geschichten". In den dreißiger Jahren erhielt J. G. Anderle einen Staatspreis für deutsche Dichtung. Der Drucklegung harren seine „Heimwehgeschichten" und „Hirt ohne Herde", die Geschehnisse der Nachkriegszeit behandeln. (Nach Vinz. Gegenbauer)

DER ALTE TURM

Er ist das Runen-Antlitz
dieser Stadt,
ihr guter Hirte und ihr
klingend Herz ...
Ihr Pulsschlag bebt in
seiner Glocken Erz,
und was aus ihr emporgebetet
hat jahrhundertlang zu Gott
in Glück und Leid,
das segnet sein stummes Gloria.
So ragt er mächtig über Raum und Zeit
und ist doch jeder Seele Freund und nah ...

126. Markt Althart wird schon 1190 urkundlich genannt. Damals wurde das Patronat über die Andreaskapelle dem Kloster Bruck übertragen. Das jetzige Schloß wurde 1674 erbaut

127. Auf dem Weg zwischen Althart und Neuhart steht dieses ausdrucksstarke Bildwerk des hl. Josef mit dem Kinde. Ein Meisterwerk der Barockzeit

128. Die Pfarrgemeinde Döschen, urkundlich 1320 erwähnt, ein schmucker Ort, der trotz der nahen Sprachgrenze seinen deutschen Charakter bis zum bitteren Ende bewahrt hatte

129. Holleschitz bei Althart wird schon 1385 urkundlich erwähnt

130. In Hostes wurde, wie in vielen Orten Südmährens, zur „Kirtagszeit" der sogenannte „Tonzbam", mit bunten Bändern und Laubgewinden verziert, aufgestellt

131. Kalkwiesen (Qualkowitz), Dorfmitte mit Kapelle und Feuerwehrhaus

132. Laskes bei Zlabings, urkundlich um 1466 genannt

◀ 133. Lexnitz war früher Zlabingser Stadtdorf, gehörte später zu Kadolz. Im Ort befindet sich eine der ältesten Holzkapellen Mährens

134. Lidhersch, nördlich von Zlabings gelegen. Die gotische Wehrkirche mit Schießscharten unter dem Turmhelm und um den Chor

136. Die farbiggefaßte schmerzhafte Muttergottes in der Kirche zu Lidhersch ist ein Bildwerk aus dem 15. Jhdt.

◀ 135. In der Kirche zu Lidhersch steht diese Sankt-Bernhard-Statue, die um das Jahr 1600 entstanden ist

137. Lipolz, links die Schule, im Hintergrund die Wehrkirche aus dem 14. Jhdt. Der Ort hatte ehemals das Marktrecht

In der Nähe des Ortes berühren einander die drei Länder Mähren, Böhmen und Niederösterreich.

138. Maires, südwestlich von Zlabings. Im Ort das Schloß der Maireser Herren (bis in das 16. Jahrhundert)

139. Mittelfeld (Slawathen) liegt an der Zlabings-Pieslinger Straße, inmitten des waldigen Berglandes

140. Auf rauher Höhe liegt die Pfarrgemeinde Modes. Die im 18. Jahrhundert erbaute Kirche steht an der Stelle des früheren, im Dreißigjährigen Krieg zerstörten Gotteshauses

141. Der fast vergessene alte Brauch des Oster- und Saatreitens lebte im letzten Jahrzehnt vor der Vertreibung auch im Klabingser Ländchen wieder auf

142. Mutten liegt am östlichen Fuße des „Montserrat", der die weithin sichtbare Wallfahrtskirche bei Sitzgras trägt

143. Muttischen, an der Bahnstrecke Zlabings—Datschitz gelegen, im dichten winterlichen Kleid

▶ 144. Neustift, an der mährischen Thaya gelegen, wurde im 17. Jahrhundert mit Piesling vereinigt. Die ursprünglich gotische Kirche wurde wegen Baufälligkeit aus dem Nachlaß des Pfarrers Jakob Tamisch 1735 erneuert

Piesling an der Thaya. Unterhalb des Ortes, bei der Rotmühle, verläßt die Thaya Mähren. Von hier fließt sie in südlicher Richtung und vereinigt sich in Raabs mit der deutschen Thaya.

145. Gutshof der Krockwitzer Herren in Piesling

▶ 146. Qualitzen bei Zlabings, ursprünglicher Besitz des reichen Zlabingser Bürgers Hödnitzer (1385), gehörte ab 1569 dem Zach. v. Neuhaus

147. Ranzern. Blick zum Hauptaltar der Pfarrkirche Mariä Himmelfahrt, die an Stelle des aus dem 14. Jahrhundert stammenden Gotteshauses 1765 umgebaut wurde. Nur der starke Westturm aus dem 13. Jahrhundert blieb bestehen

148. Schloß Böhm.-Rudoletz in anglo-gotischem (Tudor-) Stil, von Ritter v. Picchioni 1856—60 auf den Grundmauern der abgebrannten Wasserburg aus dem 14. Jahrhundert erbaut. Bei Böhm.-Rudoletz wurde früher Silber gefunden

Die Wallfahrtskirche Montserrat (1651), nach der Zerstörung 1786 wiederhergestellt. Im 19. Jahrhundert erhielt sie die neuromanische Westfassade.

149. Montserrat bei Sitzgras

150. Sitzgras, die gotische St.-Peter-und-Pauls-Kirche aus dem Anfang des 14. Jahrhunderts. Spätgotische Umbauten um 1500. Auf dem Friedhof steht zur Erinnerung an das einstige Wölkinger Eisenwerk ein 600 kg schweres Eisenkreuz (1835)

151. Stallek, Walddorf nordwestlich von Zlabings

152. Tiefenbach bei Ranzern, nahe der österreichischen Grenze

153. Urbantsch bei Sitzgras

Urwitz bei Sitzgras, Dorfkapelle

155. Wispitz bei Döschen, Dorfmitte

Fratting, Marktgemeinde an der Grenze des Znaimer und Zlabingser Kreises

◀ Die Pfarrkirche von Fratting, Zum Heiligen Jakobus, bestand schon vor 1200, ihre spätbarocke Gestalt erhielt sie zwischen 1771 und 1773. Bemerkenswert die Marktsäule aus dem 16. Jahrhundert und die Reste eines Klosters.

157. Kennzeichnend für die weite, leichtgewellte Hochfläche zwischen Zlabings und Frain ist die Landschaft um Fratting.
Wie ein Bild des Friedens liegt sie vor uns mit den hellen Wolkenbergen des sommerlichen Himmels über blühendem Gefilde

SOMMERWIND

Frühsommerwind streift durch das junge Korn
wie eine warme Hand.
Er überweht das weite Hügelland
und schaukelt Akelei und Rittersporn.

Selbst liege ich, umhüllt von seinem Weh'n,
der warme Atem überhaucht mich lind.
Ich halte still und heiter wie ein Kind —
in Tau und Duft — und laß mir wohlgescheh'n.

H. Wessely

ZNAIM UND SEIN LANDKREIS

Die Markgrafenstadt steht auf uraltem Kulturboden. Bei Grabungen im Stadtgebiet und auf dem Burgberg hat man durch eindeutige und aufschlußreiche Funde die ununterbrochene Besiedlung des Ortsbereichs seit der Steinzeit festgestellt.

Es ist müßig, den Namen der Stadt deuten zu wollen, er gibt unlösbare Rätsel auf. Weder die slawische, noch die germanische Ableitung ist eindeutig, vielleicht ist der keltische Ursprung richtiger.

Eines aber ist sicher. Schon in den ältesten stadtgeschichtlichen Urkunden sind die Deutschen bedeutender neben den Slawen. Sie haben das lose Gefüge von Weilern, Höfen und kleinen Dörfern erst zu einem Gemeinwesen gemacht, das schon 25 Jahre vor der Stadterhebung (1226) durch Ottokar I. Marktrecht besaß und vom König sogleich das deutsche Magdeburger Stadtrecht bestätigt erhielt. Urkundlich wurde Znaim schon 1048 erwähnt, 1061 erhält Konrad, der Bruder Wratislaws II., die Fürstentümer Znaim und Brünn, weil er der deutschen Sprache mächtig ist.

Von einer weiteren Besiedlung durch die Deutschen im großen Stil kann man eigentlich nur unter dem Znaimer Burggrafen von Pernegg sprechen. Er hat sich um die Urbarmachung durch deutsche Bauern (wohlgemerkt: nicht Germanisierung) des späteren Deutschsüdmährens, das bis Trebitsch (ja Saar!), Wischau und Göding reichte, unter Ottokar II. so verdient gemacht wie Bruno von Schaumburg später bei der Besiedlung Nordmährens. Wir sprechen immer von Kolonisierung, dabei besteht gerade in unserem Gebiet eine Urbesiedlung, die weder die Slawen leugnen (siehe germanische Flußnamen), noch wir direkt beweisen können. Das Grafengeschlecht der Pernegg stammt aus der Maingegend und war mit den Babenbergern, deren Vasallen sie waren, verwandt. Seltsam und aufschlußreich zugleich, denn auch die Markomannen und die Quaden kamen aus der Maingegend. Sollte nicht doch ein dauernder Zusammenhang dieser Landschaften seither bestanden haben?

Znaim erhielt also als erste Stadt Mährens das Stadtrecht. Seine Räte und Bürgermeister verstanden es gut, über alle Streitigkeiten der Landesherren, sogar des Königs und des Kaisers, hinweg ihre verbrieften Rechte zu behaupten.

Uns interessieren aber vor allem die baulichen Stilelemente, die das Bild der alten Stadt prägen. Wie aufschlußreich sie für die Stadtentwicklung sind, wird der aufmerksame Beobachter selbst herausfinden. Man kann noch heute von einer romanischen (Hohenstaufen-Przemysliden-Zeit), der gotischen (Luxemburger) und der Renaissancestilepoche (Habsburger), die zum Barock überleitet, sprechen.

Zu den Bauten der Romanik zählt neben einigen Resten an Kirchen, alten Häusern und der Stadtbefestigung vor allem die völlig erhaltene Rotunde der Burgkirche, „Heidentempel" genannt. Sie stellt mit ihren Fresken, die ihre Wände und das Deckengewölbe zieren und (im Arkantus) sogar byzantinische Stilelemente zeigen, neben der Hohenstaufenpfalz mit ihrer spätromanischen Doppelkirche in Eger, eines der ehrwürdigsten Baudenkmale jener Zeit in den Ländern der böhmischen Krone dar.

Durch Kriege und Brände verlor die Stadt, wie fast alle deutschen Städte der Hohenstaufenzeit, bald ihr romanisches Gepräge. Erst aus der gotischen Zeit, besonders weil sich Znaim der Gunst der Luxemburger, vor allem Kaiser Karls IV. erfreute, blieben uns die Steinbauten von Kirchen und dem Rathaus mit Turm, aber auch einzelner Bürgerhäuser und des Wolfsturmes (Teil des unteren Tores) erhalten.

Schon das hochaufragende Hallenschiff der Nikolaikirche ist trotz Brand, barocker Altäre und Umbauten in der reinen Baugestalt noch immer edle Gotik. Auch das Taufbecken, das zierliche Sakramentshäuschen und die Gestalt des gegeißelten Gottessohnes über der Sakristeitüre gehören dem gleichen Stil an. In enger Nachbarschaft steht eine der seltenen gotischen Doppelkirchen Mitteleuropas, die dem heiligen Martin und St. Anna, später dem heiligen Wenzel geweiht war. Sie ist in die Stadtbefestigung der Altstadt miteinbezogen und hat in der Bodenhöhe der Oberkirche noch einen völlig erhaltenen Wehrgang. Einst barg sie einen dreiteiligen gotischen Altar, der sich heute als sogenannter „Znaimer Altar" im Belvedere zu Wien befindet. Vor allem aber ist der Rathausturm ein Kleinod dieser Zeit, das Niklas von Edelspitz (1446–1448) in Hochgotik als neunspitzigen Turmbau ausgeführt hat. Besonders eigenartig (ja einmalig!) ist die Diagonal-Versetzung des Mittelteiles im Holzbau des kupfergedeckten Turmhelms. Die ansehnliche Höhe (bis zur Spitze 80 m) ermöglicht von der obersten Galerie einen weiten Rundblick nach allen Seiten über das Land.

Die Renaissance zeigt sich ausschließlich in weltlichen Gebäuden, vor allem an mehreren Bürgerhäusern und Prunkbauten des Adels. Leider fielen die meisten Baudenkmäler aus dieser Stilepoche entweder dem Barock oder der Spitzhacke des nüchternen vorigen Jahrhunderts zum Opfer, dem wunderlicherweise die große Kulturbewegung der Klassik und der Romantik entsprang, freilich auch die Industrialisierung.

Der Barock lebte sich auf kirchlichen und Profanbauten gleichermaßen aus. Unbefangen heftete man die Schnörkel und Verzierungen dieses Stiles an gotische Kirchen und Renaissancegiebel.

Die spitzen Turmhelme verwandelte man oft in die herrschende Zwiebelform. Aber es entstanden auch reine Barockbauten von großer Schönheit und Harmonie, wie z. B. das Frainer Schloß (mit Kirche), die Wallfahrtskirche von Lechwitz, vor allem aber die Dominikanerkirche in Znaim und in Klosterbruck der Stiftsbau, aber ohne Kirche, die den gotischen Grundbau trotz barocker Ausschmückung nicht verleugnen kann. Die neueren Stilarten (z. B. Klassizismus) haben (außer dem Rokoko) im Landkreis Znaim weniger Bedeutung erlangt als vielleicht im Nikolsburger Gebiet, besonders aber in Eisgrub und Feldsberg.

Im Znaimer Kreis beginnt eigentlich erst jene Fruchtbarkeit des Landes, die, sich in das Nikolsburger Ländchen fortsetzend, Südmähren zum Land des Weizens und des Weines gemacht hat. Es ist der größte Kreis unserer Heimat. Von Freistein, in dessen Nähe er auf der Linie Fratting—Hafnerluden (Graphitbergbau) den Zlabingser Kreis berührt, bis zur Linie Höflein an der Thaya — Mährisch-Kromau. Es ist ein uraltes Siedlungsland, man kann sagen: Seitdem der Mensch sich in dieser Landschaft zeigt (Eiszeit), verläßt er kaum mehr das Land. Ob es die Glockenbecherleute, die Kelten oder germanischen Quaden oder die im Gefolge der Awaren in das Land gedrängten Slawen sind.

Besonders reich an Funden ist das Stadtgebiet selbst. Hocker-, Brand- und Urnengrabstätten mit ihren reichen Beigaben sind keine Seltenheit.

Auf den natürlichen Freiflächen der Aulandschaft der Thaya und ihrer Zuflüsse siedelten die Slawen früher als in anderen Gebieten, die erst aus grüner Wurzel gerodet werden mußten. Doch bald erkannten die slawischen Landesfürsten, daß sie sich auf die Deutschen als Grenzwächter besser verlassen konnten als auf das eigene Volk. So waren alle festen Plätze, Grenzburgen und Städte in den Händen von Deutschen, die in den schwierigen Lagen der Krone treu zu den Landesherren standen. Es waren nicht nur die Vernunft und der großzügig (durch Privilegien) bezeugte Dank der Fürsten, der die Bürger zu dieser Haltung bewog, sie waren eben verläßlich.

Im Landkreis ordnen sich fast organisch um gewisse Mittelpunkte, meistens um Marktflecken, schon seit altersher die kleineren Ortschaften. So auch um Freistein und besonders um das Städtchen Frain am Oberlauf der Thaya. Hier im Waldgebiet des Znaimer Kreises erkennt man noch deutlich die Rodungsflächen im zusammenhängenden Forst.

Mehrere Burgen und Ruinen erzählen von harten Zeiten der Grenzmark. Schon seit dem elften Jahrhundert hatten sie das Wächteramt an der Grenze zu erfüllen. Aber noch später spielten sie in den Machtkämpfen der Adelsgeschlechter untereinander eine große Rolle. Erst vom Dreißigjährigen Krieg an, dem die meisten zum Opfer fielen, haben sie ihren wehrhaften Sinn verloren.

Nördlich von Znaim gelang den Slawen ein tiefer Einbruch fast bis an die Stadtgrenze. Solche Einbrüche in den geschlossenen deutschen Sprachraum sind an mehreren Stellen Südmährens festzustellen. Meist waren es die unaustilgbaren Folgen der mörderischen Hussitenkriege und die Vertreibung der deutschen Protestanten im Dreißigjährigen Krieg, die dieses Eindringen ermöglichten.

Andere Zentren des Landkreises, ostwärts von Znaim, sind besonders Joslowitz mit dem berühmten Renaissanceschloß, Groß-Tajax, Erdberg, Grusbach, Hosterlitz, Mißlitz und das alte Städtchen Mährisch-Kromau an der Rotigel. (Die ausführliche Beschriftung der Bilder gibt darüber nähere Aufschlüsse. Siehe auch Übersicht der Orte Südmährens.)

Noch einmal wollen wir in Gedanken auf den Znaimer Rathausturm steigen und weitum in das südmährische Land schauen. Tief unter uns liegt das dichte Dächergewirr der alten Stadt. Dazwischen breiten sich die großen hellen Plätze, umsäumt von hochgiebeligen Bürgerhäusern. Kirchen und Klöster und alte Türme ragen über die Dächer empor. Unter dem Kopfsteinpflaster (von den meisten nur geahnt) liegt das uralte unterirdische Znaim mit den tief in den Fels gehauenen, mehrstöckigen Kellern und kilometerlangen Gängen. Auch das Gewirr der Rohre einer alten Wasserleitung gibt es dort unten. Eine Höhlenwelt, wie sie sich nur eine romantische Fantasie ausdenken kann, und doch hat sie in Not- und Kriegszeiten zur Versorgung und Verteidigung der Markgrafenstadt gedient. Im Westen blinkt immer wieder zwischen den dunklen Waldbergen das gewundene Silberband der Thaya auf. Die landschaftliche Schönheit dieses Teiles des Thayatales kann sich mit vielen berühmteren Flußtälern messen. Gegen Süden, schon an der Landesgrenze, über den blühenden Kirschenwäldern des Kuhbergs, grüßt die alte St.-Wolfgang-Kirche von Gnadlersdorf her. Hochauf ragen die rauchenden Kamine des Steingutwerkes in Schattau. Weithin ziehen sich die Weingärten und breiten sich die grünen Fluren aus. Voll und schwer tönt von Klosterbruck über den Thayaboden hin das Glockengeläut. Östlich verliert sich die Thaya in der fruchtbaren, gesegneten Ebene, aus der in der Ferne die blaue Woge der Pollauer Berge aufragt.

ZNAIM

Für Felix Bornemann

Traumstadt am Flusse,
deine Steine reden nur eine Sprache.
Über die Dächer wandert der Schatten der Türme
wie Zeiger von Sonnenuhren.
Ihre Stunden sind Jahre,
ihre Tage Jahrzehnte.

Die alten Brunnen rinnen.
Blüten bedrängen dich
und die Reben schlingen sich
um dein Gemäuer ...

Unten rinnt der Fluß,
er weiß dein Geheimnis.
Aus ihm tranken die Pferde
der Quaden und der Hussiten.
Aber er schweigt, denn seine Stunden
sind Jahrtausende.

Träume, Stadt, unsere Träume,
in denen Duft von Holunder
und Tränen voll Wermut sind.

Herbert Wessely

DER TAG
SCHLÄGT SEINE TÜREN ZU

Die Katzenköpfe buckeln steil.
Kastanien fingern und fächern,
Ein Schritt verhallt, ein Haustor kreischt.
Der Abend klebt rot an den Dächern.

Am Rathaus, tief in Glut getaucht,
Verbrennen die kupfernen Zinken
Und flimmernd überm Kuhbergkamm
Beginnen die Sterne zu blinken.

Der Fluß rauscht auf, ein Waldkauz ruft.
Ein Wind harft im Parke und flüstert.
Ein dürres Blatt rollt aufgestört
Den Burgweg hinunter und knistert.

Vom Turmstuhl zu Sankt Niklas schwingt
Der Glocken tiefblaues Geläute.
Wie feierlicher Pilger Chor
Wallfahrtet es fromm in die Weite.

Der Tag schlägt seine Türen zu.
Nun öffnet die Nacht ihre Pforten.
Sie trägt ein Krüglein Trost mit sich
Und schüttet es aus allerorten.

Und du . . .? — Du stehst und lauschest still
Und hörst dich von irgendwo rufen.
Erst zögerst du, dann schreitest du
Verwirrt über endlose Stufen.

Und breitest deine Arme aus
Und horchst in die schweigende Ferne . . .
Doch nichts! In leisen Tränen bloß
Vertropfen die gläsernen Sterne.

Karl Schoblik
Aus „Die schwarze Rosenlaute"

SCHLOSS FRAIN

Fischer von Erlach sann ...
Auf steilen Felsen träumte er den Bau,
der hell wie eine Hymne auf das Leben
aus altem Burggestein sich sollt erheben
über das dunkle Tal
zu heiterer Schau ...

Im weithin schimmernden Kristall
wölbt sich wie schwerelos der hohe Ahnensaal,
mit Nischen, Bildern und Skulpturen,
der Fenster Helle, schwingenden Konturen:
ein Großkonzert aus Farbe und Oval.

Das Licht wirft seine Funkelgarben
und läßt sie, spielend auf den Marmorfliesen,
in allen Tönen, regenbogenfarben
sich hell auf Kuppel und Gewänd ergießen.

Musik aus Stein —
in Fugen und Motetten —
umhaucht von Requiem und Einsamsein.
Dann wieder festlichleicht — von Menuetten —
zieht Glanz und Klang in diese Hallen ein.

                          Herbert Wessely

KLEINE STADT IN MÄHREN
(Mährisch-Kromau)

Du kleine Stadt im Tal, wie fern bist Du... es lebt
Wie damals alles — Dächer grüßen, Giebel, und die rote Igel
Umfließt Dich, Spielzeug alter Zeit aus Stein und Ziegel,
Um dessen Schanze die Geschichte feine Fäden webt...

Schlägt nicht vom Rathaussims die Uhr das abgerollte
Maß Zeit dem Schirmherrn zu als neuen Stundenruf?
Und liegt nicht als Fanal ein Stein mit Teufelshuf
Am Fels, der nicht zu Tale rollen wollte?

Das Schloß, die Schanze, deren klobiges Gemäuer
Zu Schutz und Trutz erbaut, den Harnisch alter Macht
Getragen, halten treu am Rande Wacht.
Und an der Quelle überm Wasserspeier

Wehrt Florian, der Heilige, den Graus
Der Brandschatz ab nach alter Sitte,
Bedacht, wenn jemand mit den Flammen stritte
Um Hof und Haus ihm Freund zu sein durch hohe Bitte:

Und scheint jahrein, jahraus,
Wenn Jugend grüßt, die Feld und Auen
Ihr Wandern schenkt, zu sprechen, als beseel'
Ein Freudenstrom den Körper, der aus hartem Stein gehauen:
„Ich lieb mein kleines mährisches Juwel!"

                                          Hans Schwarz

158. Znaim. Blick auf die Stadt von der Eisenbahnbrücke

159. Renaissance-Portal des Rathauses in der Füttergasse

▶ 160. Das Wahrzeichen der Stadt, der neunspitzige Rathausturm. 1445—48 von Baumeister Niklas von Edelspitz erbaut, grüßt den Fremden schon von weither

▶ 161. Titelseite des Stadtrechtsbuches 1523

Im Rathaus bewundern wir den codex municipalis des Notars Stefan v. Wischau, durch Wolfgang Fröhlich v. Olmütz mit prachtvollen Illustrationen versehen. Der Kodex ist sowohl in rechtsgeschichtlicher Hinsicht als auch kunsthistorisch und sprachgeschichtlich sehr bedeutsam.

▼ 163. Wenzelsbrunnen auf dem Ottokarplatz

Vom Rathaus gehen wir über den Ottokarplatz zur alten Herzogsburg, in der sich seit mehr als 50 Jahren das „Südmährische Landschaftsmuseum" mit überaus reichen Sammlungen zur Vor- und Frühgeschichte der ganzen Landschaft befindet.

▼ 162. Justitia aus dem Stadtrechtsbuch

▼ 165. Katharinenkapelle in der Burg, im Volksmund „Heidentempel" genannt. Die Rotunde ist das älteste erhaltene Baudenkmal Mährens

164. Die „Herzogsburg" nach dem Ölgemälde von Prof. Alex Pock

▲ 166. Freskengeschmückte Apsis der Burgkapelle (hl. Katharina). Die Wandmalereien tragen zum Teil byzantinische Merkmale

▶ 167. Teil eines Wandfreskos des „Heidentempels". Landesfürst mit Vasallen

169. Znaimer Museum: Zunftkrug der Brauer (1723)

168. Modell der Fechterfigur des Breslauer Universitätsbrunnens von Prof. Dr. h. c. Hugo Lederer. Eine seiner berühmtesten Schöpfungen, in der Vorhalle des Znaimer Museums

170. Znaimer Museum: Frühgotische Madonna voll strenger Schönheit und Majestät

171. Südmährische Bauernstube im Museum

172. Die „Wettermaschine" des P. Prokop Diwisch

Diwisch erfand 1752 den Blitzableiter, also noch vor Benjamin Franklin.

173. Znaimer Museum: Zehentweinmaß des Stiftes Bruck (1492)

174. Romanisches Säulenkapitell mit phantastischem **Drachenmotiv**

175. Znaimer Museum: Habanerkrüge, Töpferkunst der Wiedertäufer

176. Titelblatt einer Schrift von Zach. A. Winzler

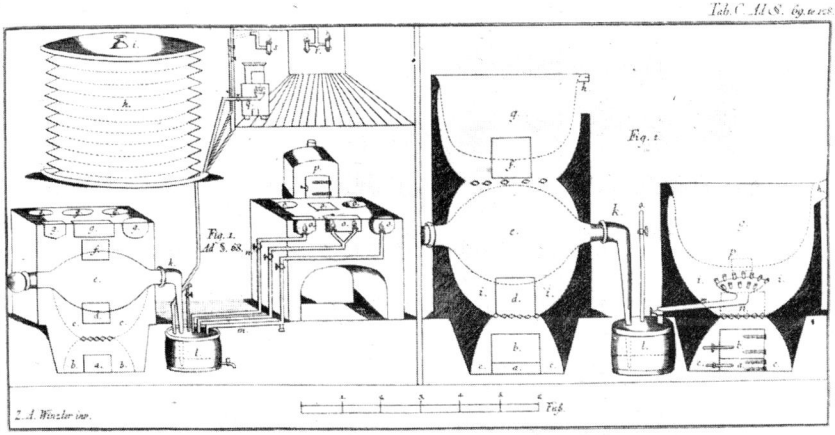

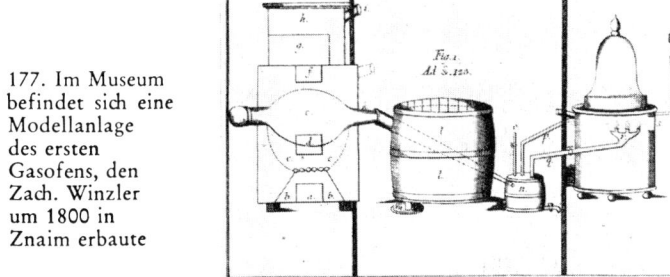

177. Im Museum befindet sich eine Modellanlage des ersten Gasofens, den Zach. Winzler um 1800 in Znaim erbaute

178. Blick vom Burghof ins Thayatal

179. Blick vom Burghof zur Stadtpfarrkirche St. Niklas und zu der in die Stadtmauer eingebauten Doppelkirche, genannt „Wenzelskapelle"

180. Inneres der St.-Niklas-Kirche. Durchblick gegen den Hochaltar

181. Kanzel und Hauptaltar. Bemerkenswert ist die Kanzel von Winterhalter in Form einer Weltkugel

182. Die Wenzelskapelle. Eine gotische Doppelkirche, die ursprünglich als Sankt-Martin- und Sankt-Anna-Kirche erbaut wurde

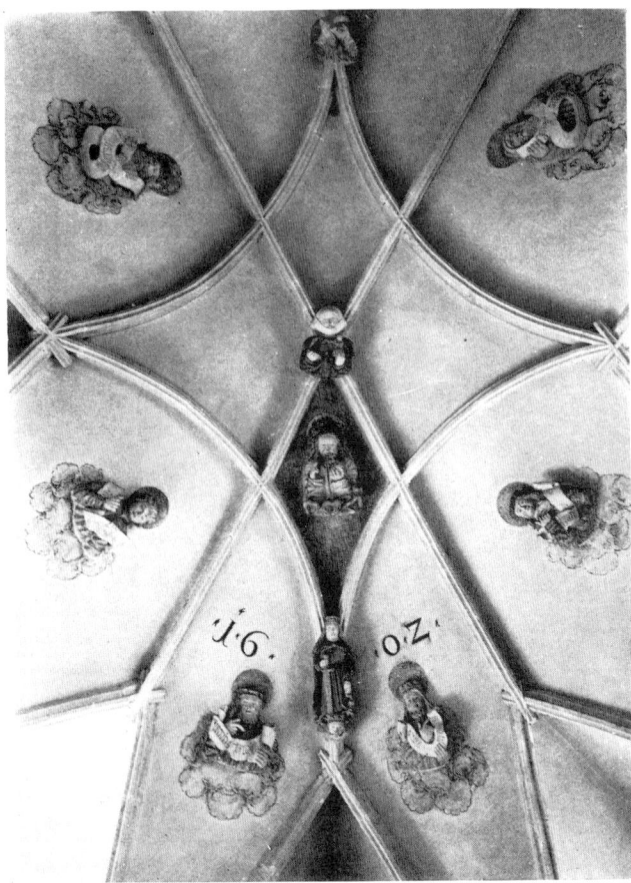

183. Netzgewölbe in der Wenzelskapelle mit reliefartig hervortretenden Figuren

184. Der „Znaimer Altar" im Belvedere in Wien stand bis 1825 in der Wenzelskapelle. Aus der Zeit um 1440 stammen gotischer Flügelaltar eines oberbayrischen Bildschnitzers

185. Antonikapelle am Pöltenberg

186. Kaplanhof nach einer Radierung von C. Gyben

187. Renaissancehof in einem Znaimer Bürgerhaus (Füttergasse 9)

188. Stadtmauerpartie beim Kapuzinerkloster

189. Gotisches Haus in der Tränktorgasse

190. Hoftür im Haaseschen Haus auf dem Unteren Platz (1569)

▼ 191. Renaissance-Haustor in der Füttergasse

Dieses Haus und eine Reihe anschließender Häuser wurde im Jahre 1945 von den Tschechen niedergerissen.

192. Wendeltreppe in einem Znaimer Patrizierhaus

193. Barockfassade eines Hauses in der Fröhlichergasse

194. Kramergasse mit Blick gegen den Rathausturm. Nach einer Radierung von Max v. Scherer

195. Ein kleiner Plausch auf dem Markt

Bei unserem Rundgang durch die Stadt beobachten wir manche Idylle so wie hier, wo zwei Marktfrauen am Fuße der Mariensäule angeregte Zwiesprache halten. (Künstlerische Aufnahme von Professor Rudolf Zima.)

196. Kirche Zum Heiligen Kreuz (Dominikanerkirche). Blick gegen den Hochaltar

197. Gnadenbild der Heiligen Muttergottes   198. Kunstvolle Barockorgel der Dominikanerkirche

199. Stadttheater. 1900 „zur Pflege deutscher Kunst" errichtet. Hier debütierten Max Pallenberg, Willi Forst und andere bedeutende Bühnenkünstler

201. Das „Deutsche Haus" — 1881 „zur Pflege deutschen Bürgersinnes" erbaut

200. Das Landgerichtsgebäude. Der Sprengel des Landgerichtes umfaßte zuletzt elf Amtsgerichtsbezirke

202. Kopalplatz mit Kopaldenkmal von Fernkorn

203. Znaim um das Jahr 1600. Kupferstich von Houfnagel

Aus Znaim ist eine Reihe bedeutender Männer der Wissenschaft und Kunst hervorgegangen, die zumeist in Wien, aber auch an den Hochschulen in Prag und Brünn und selbst in Berlin gewirkt haben.

204. Univ.-Prof. Dr. Erich Spengler

Geboren am 27. Mai 1886 in Znaim, gestorben am 14. März 1962 in Wien.

205. Univ.-Prof. Hofrat Dr. Richard Meister

Geboren am 5. Februar 1881 in Znaim, gestorben am 11. Juni 1964 in Wien, Präsident der Österreichischen Akademie der Wissenschaften in Wien.

206. Prof. Dr. h. c. Hugo Lederer

Geboren am 16. November 1871 in Znaim, gestorben am 1. August 1940 in Berlin. Einer der bedeutendsten neueren deutschen Bildhauer.

207. Bismarck-Denkmal in Hamburg, die bedeutendste Schöpfung Hugo Lederers.

208. Kauernde. Plastik von Hugo Lederer

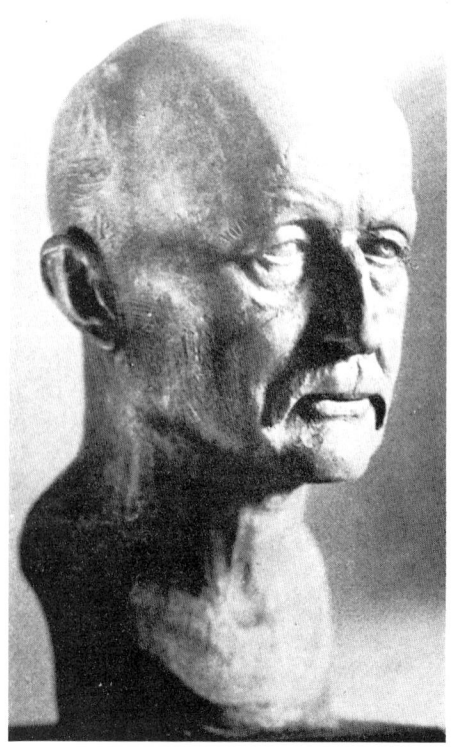

209. Max-Planck-Büste von Hugo Lederer

210. Fahnenkompanie des südmährischen Hausregimentes, des k. u. k. Infanterie-Regimentes Nr. 99. Ölgemälde von Alexander Pock

211. Prof. Alexander Pock

Geboren am 6. Jänner 1871 in Znaim, gestorben 1950 in Wien. Bekannter Historien- und Militärmaler. Als Tiermaler (besonders Pferde) berühmt.

212. Napoleon I. bei Zuckerhandl während der Schlacht bei Znaim im Jahre 1809. Ölgemälde von Alexander Pock, im Heeresmuseum in Wien

213. Ehemaliges Prämonstratenserstift Klosterbruck

215. Romanische Krypta unter der Stiftskirche in Bru

214. Marie v. Wittelsbach, Mitstifterin der Abtei Bruck

216. Chorgestühl in der Stiftskirche Klosterbruck, ein reichverziertes Barockschnitzwerk.

217. Entwurf Lukas v. Hildebrandts für die Westfassade des Stiftes Bruck

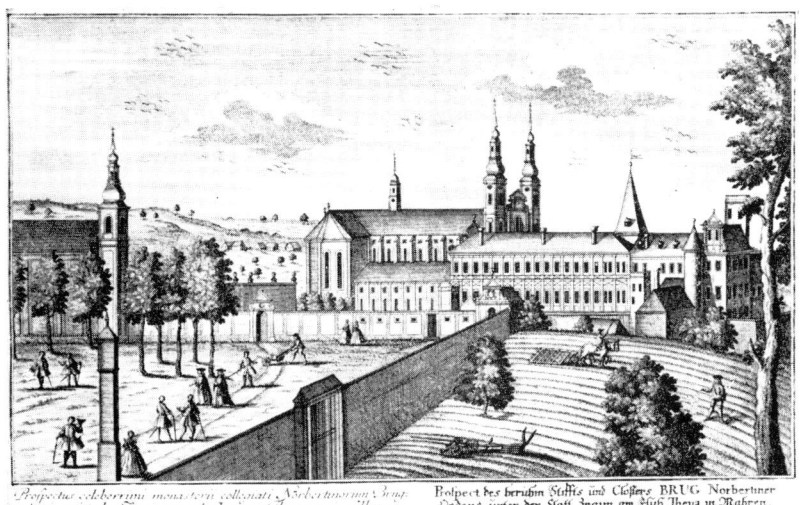

218. Stift Klosterbruck. Kupferstich des Augsburger Stechers F. B. Werner (1715)

219. Brautpaar aus der Herrschaft Bruck in Festtracht

220. Gotischer Bildstock in Edelspitz von Bildhauer König (Bauhütte des Niklas von Edelspitz)

221. Blick auf Znaim vom Thayatal

▲ 222. Der sagen-
umwobene „Riesenkopf"
oder „Rabenstein"

▲ 223. „Stierfelsen"
oberhalb der Traußnitz-
mühle im Thayatal

224. Blick vom
„Markomannenlager"
flußaufwärts

225. Neunmühlen im Thayatal

226. Thayatal bei Karlslust, rechts das Schweizerhäusel. Nach der Bleistiftzeichnung von Eduard Charlemont (1860)

227. Burg Neuhäusel im Thayatal

228. Blick auf die Burgruine Neuhäusel

229. Thayatal bei Frain, Blick flußabwärts

Auf unserer Wanderung durchs „Land der Burgen und Mühlen" kommen wir nach Frain, wo uns der imposante Bau des Barockschlosses fesselt, die reifste Schöpfung des berühmten Baumeisters Johann Bernhard Fischer von Erlach. Als Burg Herzog Luitpolds von Znaim wird Frain schon 1095 genannt.

230. Schloß Frain, die Perle des Thayatales

231. Freitreppe im Innenhof des Schlosses Frain mit zwei Kolossalfigurengruppen von Matielli

232. Ahnensaal mit Deckenfresko von Rottmayr

234. Schloßkirche in Frain (Fischer von Erlach)

235. Das Kaiserzimmer im Schloß Frain

Hier weilte Kaiser Karl VI. mehrmals als Gast der gräflichen Familie Althan.

236. Schlafzimmer im Schloß Frain

Mit Tür in einen Geheimgang in Form eines Kachelofens.

237. und 238. Teller aus der „landesbefugten Steingut- und Wedgewoodfabrik" in Frain

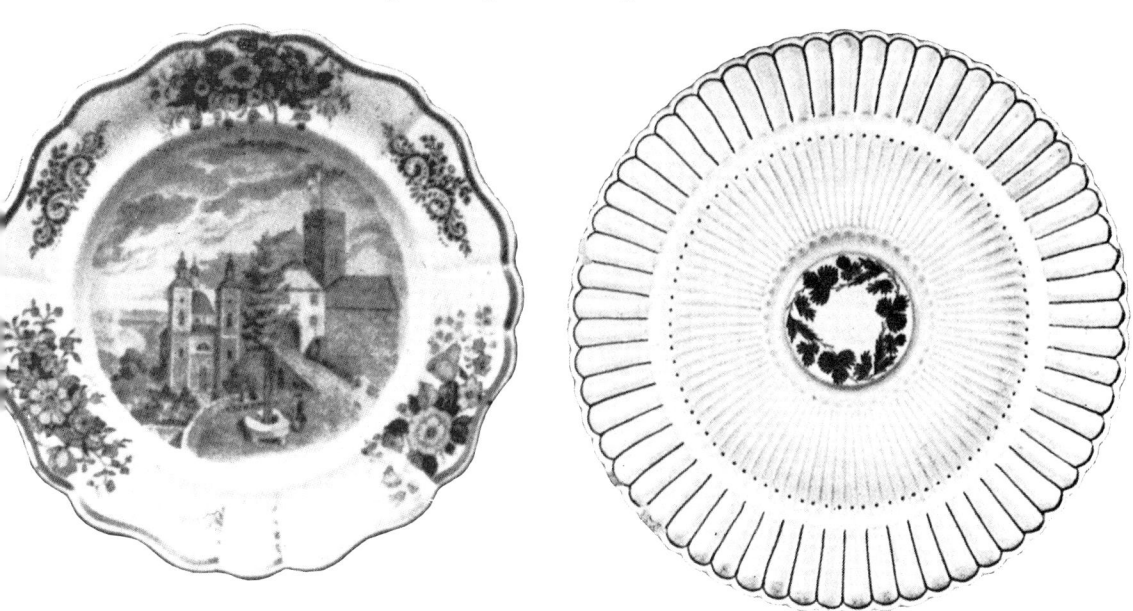

Gutsherr Josef Ritter von Lilienborn errichtete 1798 die erste Steingutfabrik in Mähren.

239. Thayastauwerk oberhalb Frains

Nach den Plänen des Frainer Ingenieurs Ferd. Schmidt wurde 1934/35 hier eine der größten Talsperren Mitteleuropas mit einem Stauinhalt von 110 Millionen Kubikmetern gebaut. Der See hat eine Länge von 30 km.

240. Die Frainer Staumauer während des Baues von der Seeseite her

Die Mauer hat eine Höhe von 55 m über dem Fundament, Kronenlänge 292 m.

241. Überschwemmtes Kirchlein bei der Ruine Zornstein

242. Ruine Zornstein am Stausee

243. Schloß Vöttau am Zusammenfluß der Schelletau mit der Thaya

244. Ruine und Ort Freistein an der Thaya um 1833 nach der Lithographie von Kunike

245. Freistein an der Thaya. Durchblick gegen die Ruine

246. Altpetrein bei Frain, Blick von Süden

247. Chwallatitz, wegen seiner Lage am Frainer Stausee auch Waldsee genannt

248. Das Kriegerdenkmal in Altpetrein

249. Edenthurn, Dorfmitte mit Schule und Kirche

250. Hafnerluden bei Frain ist durch seine bedeutenden Graphitfunde bekannt

251. Die Volksschule in Kurlupp bei Frain

Liliendorf wurde um 1790 von Josef Hilgartner, Ritter von Lilienborn (auf Schloß Frain), in seinem Herrschaftsbereich neu gegründet. ▶

▼ 252. Landschau, Bez. Frain

253. Windmühle in Liliendorf

254. Luggau - Neudorf

255. Milleschitz - Kriegerdenkmal

256. Neupetrein bei Frain

257. Nespitz bei Fratting

258. Oberfröschau

Geburtsort von Franz Pittinger, sudetendeutscher Abgeordneter.

259. Pomitsch, Bez. Frain

260. Schaffa bei Frain

261. Schiltern, Sitz einer Landwirtschaftsschule

262. Schiltern
Landwirtschaftsschule

263. Schönwald bei Frain

264. Stallek, zwischen Frain und Drosendorf

265. Schloß Ungarschitz - Freitreppe

Renaissancebau, unter Johann von Kraig um 1554 beendet.

266. Schloß Ungarschitz - Galerie

267. Schloß Ungarschitz - Riesenzimmer

268. Zaisa bei Hardegg

269. Windschau bei Frain

270. Steinbrücke über das alte Thayaflußbett in Altschallersdorf

271. Edelspitz — Dorfstraße im Winter

272. Dörflitz im Schnee

273. „Zacherlfahren" war ein beliebtes Wintervergnügen unserer Dorfjugend

4. Deutsch-Konitz - Kirche zu St. Jakob

275. Ratschenbuben auf ihrem Rundgang durch das Dorf in der Karwoche, wenn „die Kirchenglocken nach Rom geflogen" sind

275a. Tonwarenfabrik P. A. Wranitzky in Frainersdorf
Der hart an der Sprachgrenze liegende Ort ist durch mehrere Erzeugungsstätten für Tonwaren bekannt geworden.

. Weinkostprobe

277. Gerstenfeld - Das letzte Haus
Der Ort wurde nach 1945 von den Tschechen fast ganz zerstört.

278. Gnadlersdorf - St.-Wolfgang-Kirche (13. Jahrhundert)

Früher Wallfahrtsort. Der wehrhafte Turm ist neben dem Rest der Wolfgangkapelle der älteste Teil der Kirche.

279. Groß-Olkowitz - Mausdorf - Dorfstraße mit Glockenturm

280. Groß-Olkowitz

281. Kaidling

282. Dorfplatz in Gurwitz, nach einer Radierung Max v. Scherers

283. Kirtag in Hödnitz, nach einer Radierung von Max von Scherer (1916)

284. Blick auf Gurwitz

285. Hödnitz - Pfarrkirche

286. Kallendorf - Kirche

287. Klein-Teßwitz - Ortsstraße

288. Kriegerdenkmal in Klein-Tajax

▶ 289. Blick zum Hochaltar der Kirche in Lechwitz

290. Die weithin sichtbare Wallfahrtskirche Mariä Heimsuchung in Lechwitz wurde 1718—1721 vom Stift Klosterbruck an Stelle einer hölzernen Waldkapelle errichtet

291. Deckenfresken von Fr. Ant. Maulpertsch in der Pfarrkirche von Mühlfraun (1775—1777)

292. Diese Fresken gehören zu den besten Arbeiten des berühmten Barockmeisters

293. Maulpert'sch Signum auf einem Deckengemälde in Mühlfraun

294. Mühlfraun - Eine der fünf während des zweiten Weltkrieges erbauten Wirtschaftsbrücken über die Thaya

295. Naschetitz - Volksschule

296. An der Thaya bei Oblas

297. Kritische Kostprobe

298. Panditz - Dorfteich

Ungeheure Scharen von Gänsen und Enten bevölkerten die Dorfteiche Südmährens.

299. Poppitz bei Znaim - Barockkirche und Pfarrhof

300. Marienkapelle auf der Heide bei Poppitz

301. Am Grabe Charles Sealfields in Solothurn (Schweiz) legt Herbert Wessely am 100. Todestag des Dichters einen Kranz des Südmährischen Landschaftsrates nieder

302. Geburtshaus Karl Postls in Poppitz. Unter seinem Decknamen Charles Sealsfield erlangte er als Dichter Weltruhm

303. Pöltenberg - Durchblick auf die Kreuzherrenordenspropstei. Die Kirche mit schönen Fresken von Franz Anton Maulpertsch geschmückt. Künstlerische Aufnahme von Prof. Rudolf Zima

304. Pratsch - Dorfteich

305. Proßmeritz - Marktplatz mit Kirche

306. Erntedankfest in Proßmeritz

307. Pumlitz - Schule

308. Rausenbruck a. d. Thaya

309. Schakwitz - Hermannsdorf

310. Kirtag in Rausenbruck

Der Tanzplatz mit den typischen Laubhütten und dem Kirtagsbaum.

311. Schattau - Gesamtbild

312. Weinlese in Schattau

313. Alte Weinpresse in Schattau

314. Selletitz - Gesamtbild

▲ 315. Selletitz - Zuckerfabrik

▲ 316. Laudon-Denkmal im Selletitzer Schloßpark

317. Idyll am Mühlgraben in Taßwitz. Künstlerische Aufnahme von Prof. Rudolf Zima

318. Taßwitz-Hödnitz - Gesamtansicht

319. Taßwitz - Pfarrkirche

320. Altar der Clemens-Maria-Hofbauer-Kirche in Taßwitz

321. Porträt und Geburtshaus des hl. Clemens Maria Hofbauer

322. Teßwitz an der Wiese - Volksschule

324. Urbau - Blick zur Kirche

323. Töstitz - Gefallenenehrenmal

Urbau, eine uralte Bauernsiedlung, besaß ein eigenes Landgericht. Um ihre Gerechtsame führten die Urbauer im 18. Jahrhundert einen jahrzehntelangen erbitterten Kampf, der viel Blut und Opfer kostete.

326. Südmährer-Weinlese in Oberwerrn bei Schweinfurt

▼ 325. Wainitz - Volksschule

Ein Urbauer, der daheim seinen „Weiert" hatte, pflegt auch in seinem jetzigen Wohnort einen Weingarten, wie hier Franz Schöberl aus Urbau.

327. Erdberg

Nicht nur eine der ältesten, sondern auch eine der volkreichsten Siedlungen Südmährens.

328. Erdbergerin in der alten Festtracht

▲ 329. Erdberg - Eingang in einen Erdstall

330. Alte Weinpresse in Erdberg

In zahlreichen Orten Südmährens findet man merkwürdige unterirdische Fluchtstätten, „Erdställe" genannt.

331. Erdberg - Dekanatskirche zu St. Peter und Paul

332. Heimkehr vom Feld. Künstlerische Aufnahme von Prof. Rudolf Zima

333. Mittagsrast auf dem Feld

334. Schloß Frischau - Arkadenhof

335. Frischau - Außenansicht des Freiherr von Wamboldtschen Schlosses

336. Groß-Tajax — Pfarrkirche

338. Grafendorf - Pfarrkirche

337. Groß-Grillowitz - Blick vom Kriegerdenkmal gegen die Mädchenerziehungsanstalt „Mariahilf"

▼ 339. Groß-Grillowitz - Forsthaus

340. Groß-Tajax - Kirche, Rathaus und Schule

341. Ehrenpromotion von Dr. Kl. Gottlieb Ladner aus Groß-Tajax, dem der in Nikolsburg geborene österreichische Bundespräsident Doktor Adolf Schärf den Brillantring überreicht

342. Groß-Tajax - Beim Federnschleißen

Das Federnschleißen führte die ländliche Weiblichkeit gesellig zusammen, wie es früher die Spinnstuben taten. „Der Federhohn" war eines der bäuerlichen Jahresfeste.

343. Schloß Grusbach

344. Zuckerfabrik Grusbach

345. „Im tiefen Keller sitz' ich hier..."

346. Gräfl. Khuensches Schloß Emmahof bei Grusbach

347. Markt Joslowitz - Rathaus und Amtsgericht

348. Schloß Joslowitz - 1730—1736 von Fischer v. Erlach d. J. in seiner heutigen Form gestaltet

349. Höflein a. d. Thaya Inneres der Pfarrkirche

350 und 351. Südmährer-Weinlese im Schwabenland

Selbst dort, wo es die alteingesessene Bevölkerung für unmöglich hielt, haben südmährische Winzer in ihren selbstangelegten Weingärten Rekordernten erzielt, so wie hier Franz Stürmer aus Kleintajax.

353. Klein-Olkowitz - Glockenturm

352. Miezmanns

Von Höflein stammt das Volkslied: „Dort drenten an jenem Felsen"

354. Höflein a. d. Thaya - „Tretten" in einem Bauernhof

355. Klein-Grillowitz - Typisches Landschaftsbild des Joslowitzer Ländchens

356. Moskowitz/Kreis Znaim, Geburtsort des südmährischen Volksliedersammlers Wenzel Max

357. Possitz - Dorfstraße

358. Probitz - Kirche und Kriegerdenkmal

Am 10. Februar 1884 kam in Waltrowitz Karl Bacher, einer der bedeutendsten süddeutschen Mundartdichter, als Sohn eines Kleinbauern zur Welt. Seine Dichtungen sind von einer unendlichen Liebe zur heimatlichen Scholle beseelt. Mit Meisterschaft formt er die Mundart seiner Heimat. Gestorben am 8. Juli 1954 in Steyr, Oberösterreich.

359. Waltrowitz - Dorfplatz

360. Prof. Dr. Karl Bacher

361. Schönau - Schule und Dorfteich

363. Zulb - Hochaltar der Pfarrkirche

362. Zulb - Schule und Kirchturm

364. „Vater nimmt uns mit aufs Feld ..." Künstlerische Aufnahme von Prof. Rudolf Zima

365. Die Druschzeit bringt der ganzen Familie schwere Arbeit. Künstlerische Aufnahme von Prof. Rudolf Zima

366. Aschmeritz - Gesamtansicht vom Kirchturm aus.

367. Damitz - Freibad

◀ 368. Irritz - Pfarrkirche

369. Hosterlitz - Rathaus ▶

370. Nispitz - Steinkreuz 1717

371. Klein-Seelowitz - Spätgotischer Bildstock (1581)

372. Irritz - Druschplatz

373. Lidmeritz - Obere Gasse

374. Gubschitz - Kirche

374a ERICH SLOSCHEK

** 1. 7. 1897 in Mähr. Kromau. † 4. 1. 1970 Augsburg-Haunstetten,
Abitur 1915 in Sternberg,
von 1915–1917 Studium an der Techn. Hochschule Brünn, dann Kriegsdienst
von 1917–1919.
Der vielseitig begabte Forscher und Schriftsteller war der Gründer des „Südmährischen Jahrbuches" und redigierte es von 1952–1957 mit glücklicher Hand. Er verstand es, um sich einen guten Stab von Mitarbeitern zu sammeln. Von ihm stammt die Sagensammlung „Wo die Brunnen heimlich rauschen". Mit vielen Aufsätzen und Gedichten hat er zum Erhalt unseres Kulturgutes wertvollste Arbeit geleistet. Er war viele Jahre Geschäftsführer des Landschaftsrates und Schriftleiter des „Südmährer".*

MÄHRISCH-KROMAU

Abseits von den breiten Straßen liegt die kleine Stadt inmitten eines großen Talkessels, eingeschlossen von einer schleifenartigen Krümmung des Flusses Rotigel. Ein breiter Wiesengürtel umfaßt sie „wie ein Goldreif einen Edelstein". Davon erhielt sie ihren Namen: die „Krumme Au". Ein alter Stadtchronist nennt sie „gleich einer Lauten gebaut". Nach „Krumbenowe" lud 1240 der Minnesänger Ulrich von Liechtenstein die mährische Ritterschaft zu einem „gut Turnei".

Noch heute umgrenzen die alten Schanzmauern die Stadt, nur die Türme und Tore sind gefallen. Die breite Ostseite ist der Stadtteil der Kirchen und des großen rechteckigen Marktplatzes. Die Schmalseite nimmt das Schloß ein, das wie ein Schild den Zugang verwehrt. In seinem mächtigen Turm hauste um 1437 längere Zeit Theophrastus Paracelsus, der hier folgende Werke vollendete: das Buch „Von den tartarischen Krankheiten", den „Labyrinthus", die „Defensiones" und sein Hauptwerk, die „Astronomia Magna" oder „Die ganze Philosophia sagax". Schloß Kromau war der Sitz altehrwürdiger Adelsgeschlechter, wie der Herren von Obersess, von Lippa, von Krawarn, der Liechtensteiner und Kinsky.

Fürst Rudolf von Liechtenstein, der letzte Sproß der Kromauer Linie, verwahrte als Oberhofmeister Kaiser Franz Josefs I. jene Kassette aus dem Nachlaß der Kaiserin Elisabeth, welche vielleicht den Schlüssel zu dem Drama von Mayerling (Selbstmord des Kronprinzen Rudolf) enthält.

Es ist wenig bekannt, daß Mährisch-Kromau die Residenzstadt eines kleinen Fürstentums war. Am 20. Dezember 1633 erhob Kaiser Ferdinand II. die Herrschaft Kromau zur „Würde eines Fürstenthumbs". Diese Bezeichnung hielt sich aber nicht lange, weil in den Jahren 1699 und 1708 Fürst Johann Adam Anton von Liechtenstein die Herrschaft Schellenberg und Vaduz erworben hatte und diese 1719 von Kaiser Karl VI. zu einem reichsunmittelbaren Fürstentum erhoben wurde. Nur das Fürstenhütlein im Wappen der Stadt erinnert an jene Zeit. Im Laufe der Jahrhunderte sah die Stadt manchen Feind vor ihren Mauern. 1645 die Schweden, 1663 die Türken, 1805 die Franzosen, 1742 und 1866 die Preußen und 1945 die Russen.

Unberührt vom Zeitenwandel blieb nur auf dem Gipfel des Spielberges die Kirche zum heiligen Florian, die wie ein Wächter auf die alte Stadt im Tal herabblickt.

Erich Sloschek

375. Schloß Mährisch-Kromau

376. Paracelsus, der zwei Jahre im Schloß zu Mährisch-Kromau gelebt und dort 1537 seine „Astronomia magna" vollendet hat

377. Weinkeller in Klein-Seelowitz

378. Mährisch-Kromau - Luftbild der „Krummen Au"

379. Kreuzstein in Mährisch-Kromau

380. Arkaden im Schloß Mährisch-Kromau

382. Florianikirche in Mährisch-Kromau

381. Mährisch-Kromau - Pestsäule aus dem Jahre 1630

383. Mährisch-Kromau - Franzosenmarterl

384. Mährisch-Kromau - Gesamtbild

385. Steinbockfamilie - Gemälde des akad. Malers Erich Dichtl

Geboren am 13. Februar 1890 in Mährisch-Kromau, gestorben am 24. Juli 1955 in Wien. Einer der begabtesten und fleißigsten deutschen Tiermaler der letzten Jahrzehnte.

386. St.-Hubertus-Gemälde von Erich Dichtl

Dichtls Schöpfungen sind in vielen Galerien deutscher und ausländischer Städte zu finden.

7. Schloß Mißlitz

388. Mißlitz - Pfarrkirche

389. Mißlitz - Gesamtansicht

0. Der Miskogel bei Wolframitz

▶ 391. Tor im Schloß Mißlitz

392. Kaschnitzfeld

393. Wolframitz - Rathaus

394. Kodau - Schule

395. Socherl - Dorfstraße

396. Wolframitz - Kirche mit altem, hohem Wehrturm

397. Tullnitz - Kapelle und Kriegerdenkmal

398. Generaloberst Erhard Raus

Geboren am 8. Jänner 1889 in Wolframitz, gestorben am 6. April 1956 in Wien. Im zweiten Weltkrieg bewährter Führer von Panzerarmeen.

399. Weinlese in Wolframitz (1942)

400. „Köpftermarter" in Wolframitz   401. Brudermühle in Klein-Seelowitz

NIKOLSBURG UND SEIN UMLAND

Nikolsburg liegt malerisch zwischen den Ausläufern der Pollauer Berge eingebettet. Auf der einen Seite ragen Gunold und Turold auf, von der anderen Seite, gleichsam ein Wahrzeichen der Stadt, erhebt der Heilige Berg seine kapellengekrönten Kuppen. Wuchtig und beherrschend überragen die wehrhaften Fronten des Dietrichstein-Schlosses das altertümliche Winkelwerk der Stadt.

Um die Burg, deren Gründung ins frühe Mittelalter fällt, schart sich die alte innere Stadt. Reste der Stadtbefestigung und ein Kupferstich aus dem Jahre 1673 zeigen deutlich die Geschlossenheit von Stadt und Burg, umgeben von den vielfältig gegliederten Häusergruppen der (längst mit der Innenstadt verwachsenen) Vorstädte. Nur die Steinzeile, die am Fuß des Heiligen Berges entlangläuft, ist auch heute noch deutlich erkennbar.

Neben dem eindrucksvollen Bauwerk des Dietrichstein-Schlosses sind es vor allem die kirchlichen Bauten, die Nikolsburg das bedeutsame Gepräge einer altehrwürdigen Stadt geben, vor allem die Propsteikirche (zum heiligen Wenzel) und die Gruftkirche. Die letztere ist aus der St.-Anna-Kirche hervorgegangen, hinter deren Fassade die Fürst-Dietrichsteinsche Gruftkapelle angebaut wurde, die mit ihren symbolischen, auf die irdische Vergänglichkeit hinweisenden Fresken bemerkenswert ist.

Das Piaristenkollegium schließt sich an den Bau des 1631 gegründeten Gymnasiums an.

Die Piaristenkirche zum heiligen Johannes, aus der ehemaligen Spitalskirche entstanden, wurde 1768 im Barockstil umgebaut. Die Deckenfresken stammen von Franz Anton Maulpertsch und Fr. Laicher; sie zeigen wie das auch von Maulpertsch stammende Altarbild eindrucksvolle Szenen aus dem Leben des heiligen Johannes des Täufers.

Den Heiligen Berg krönen die nach dem Erlöschen der Pest 1623 erbaute Sebastianskirche und die Grabkapelle.

Die weithin sichtbaren, einsam aus der nur leicht gewellten Landschaft aufsteigenden Pollauer Berge sind ein unverkennbares Wahrzeichen des Nikolsburger Gebietes. Ihre schroffen Jurakalkklippen ragen in fast alpinen Felsgebilden aus einer breit gelagerten Decke karpatischer Gesteine auf. Vielfältig gegliedert und zerklüftet bieten sie dem Beschauer immer wieder neue Anblicke der Überschneidungen ihrer Kuppen und Felsgestalten, von deren Höhen sie reizvolle Ausblicke über das weitgespannte Bauernland schenken.

In diesem Landstrich, der reich an weltberühmten vorgeschichtlichen Funden ist, sind (wie im Znaimer Gebiet) die heutigen Orte oft an der gleichen Stelle wie die vorgeschichtlichen Siedlungen, Mammutjägerlager und Burgställe (Fluchtburgen, Erdwälle) erbaut.

Wie ein riesiges buntes Schachbrett liegt das Land vor uns, mit seinen fruchtbaren Feldgewannen, leicht gewellt, nur von einigen bescheidenen Höhenzügen unterbrochen, von Igel, Schwarza und der gemächlich gewordenen Thaya durchflossen.

Das Klima der Nikolsburger Landschaft ist (wie bei Znaim) kontinental bestimmt, was sich deutlich in der Pflanzenwelt zeigt, die pontisch-pannonische Züge trägt, die sich aber nördlich der Pollauer Berge bald verlieren. Es wächst das seidige Steppengras, Frauenhaar genannt, neben der Steppendistel. Beifuß und Zwergmandel sind zu finden. Als typische Kinder der Salzsteppe (Burgenland!) wachsen neben anderen das Sodakraut und die Salzmiere.

Das ausgeglichene warme Klima macht das Gebiet zu einem richtigen Gartenland für Wein und Obst von hoher Qualität. Daneben ist eine hochentwickelte Gemüsekultur entstanden, und die Feldgärtnerei blühte wie im Znaimer Gebiet (im sogenannten „Thayaboden") mit vielen Kohlarten, Tomaten, allen Hülsenfrüchten und Zwiebeln, die berühmte Gurke nicht zu vergessen. Daneben gedeihen alle Getreidearten, aber auch Mais, Mohn, Melonen und Kürbisse. Von besonderer Bedeutung ist die Zuckerrübe, die zur Schaffung mehrerer leistungsfähiger Zuckerfabriken führte.

Reiche und richtungsweisende Funde bestätigen, daß im Raum der Pollauer Berge die frühesten Siedlungen Mährens, ja Mitteleuropas, zu finden sind. Wie im Znaimer Umland lassen sich hier alle wichtigen Kulturepochen der vorgeschichtlichen Zeit lückenlos verfolgen. Von den Eiszeitmenschen künden die Funde bei Pollau und Unterwisternitz (Abbildungen), darunter das Mammutelfenbeinköpfchen („Venus XV von Wisternitz"), neben Tonfiguren der Fruchtbarkeit und des Jagdzaubers (Abbildungen). Aus der jüngeren Steinzeit (Donauländisch-nordische und Glockenbecherkultur) liegen von diesem Gebiet reiche Funde vor. Nicht minder gut ist die Bronzezeit (Mönitzer Epoche, Danubisch-sudetische Hügelgräber- und Lausitzer Kultur) und die Eisenzeit (Hallstatt- und Latènezeit) vertreten. Im Landkreis Nikolsburg wurden ferner ausgedehnte germanische Siedlungen und Gräberfelder festgestellt, außerdem Friedhöfe, Wallringe und Siedlungen der Burgwallzeit (Slawen).

Wenn die Steine unserer Heimat reden könnten, ihre Worte klängen wohl deutsch.

Maßgebend hatten viele Fürsten- und Adelsgeschlechter am Aus- und Aufbau der Orte teil. Waren es im Gefolge der Babenberger die Pernegger und Seefelder, den Hauptanteil trugen die Fürsten von Liechtenstein und Dietrichstein während der wechselvollen und schweren Geschichte des Landes zu dessen Schutz und Besiedlung bei. Sie haben immer wieder nach Kriegsnot und Pesttod helfend und aufbauend eingegriffen. Ihnen ist die Kultivierung und Neubesiedlung nach Katastrophenzeiten zu danken. Manche von ihnen waren tolerante und milde Herren, die auch ihre andersgläubigen Untertanen gegen Vertreibungsedikte des Kaisers schützten. Bis heute blieb ihnen die Bevölkerung in Dankbarkeit verbunden.

Im Nikolsburger Gebiet bildeten fünf Städte kulturelle und wirtschaftliche Mittelpunkte ihrer ländlichen Umgebung. Das sind neben Nikolsburg die Landstädte Pohrlitz an der Igel, Auspitz, Feldsberg und das industriell aufstrebende Lundenburg. Dazu kommen wichtige Marktgemeinden wie Dürnholz, Untertannowitz und Eisgrub mit dem Liechtenstein-Schloß und der bekannten Gartenbauschule sowie mehrere reiche und große Landgemeinden mit meist über 1000 Einwohnern, die, zum Teil (oft schon von alters her), wie Pausram, Prahlitz, Treskowitz und Wostitz Marktflecken waren.

Die Bevölkerung des Nikolsburger Landes hatte sich durch die vernichtenden Zeitläufe der Hussitenkriege und der slawischen Epoche Georgs von Podiebrad (auch trotz gewaltsamer Ausweisungen der deutschen Wiedertäufer und Protestanten) ihr deutsches Volkstum rein bewahrt. Viele Männer von Rang und Namen schenkte uns dieses ländliche Gebiet. Staatsmänner, Erzieher, Dichter und Volksvertreter. Auch unser unvergeßlicher erster Landschaftsbetreuer Josef Löhner ist ein Kind dieses Gebietes unserer Heimat.

Wir wollen das Bild dieser Landschaft aus den Worten des Iglauer Dichters Karl Hans Strobl († 1945) noch einmal erstehen lassen.

„Das sind unsere Pollauer Berge; sie stehen in einem ringsum deutschen Gau, als Wahrzeichen Südmährens. An ihren Flanken ziehen sich Weingärten hinan, in denen der ‚Wisternitzer', der ‚Tannowitzer', der ‚Pollauer', und der ‚Millowitzer' wächst. Weine von besonderer Güte und besonderem Geschmack, mit denen die noch näher an den Hängen des Kalkgebirges wachsenden ‚Klentnitzer', ‚Bergener' und ‚Pardorfer' wetteifern. Auch der ‚Bratelsbrunner' darf nicht vergessen werden. Lauter Namen von bewährtem Klang — — —
Die Pollauer Berge sind die blauesten Höhen, die man sich vorstellen kann. Sie haben eine wunderbare Linienführung und einen harmonischen Umriß wie ein gut gebautes Gedicht."
(Aus „Mährische Wanderungen" von K. H. Strobl.)

AUSPITZ

Ein wenig abseits, am Hügelrand,
versponnenes Städtchen im mährischen Land.

Am Himmel jauchzende Lerchen im Blau,
zu Füßen Saaten und grünende Au.

Vom Spitzturm der Kirche mit farbfrohem Dach
vermeldet die Uhr die Stunden gemach.

Gedrängt um des Marktes geneigtes Rund
behäbig die Häuser der Bürger vom Grund.

Die sperren des Sonntags die Tore zu
und halten beschauliche Wochenruh'.

Wenn später die Monde den Tag verkürzen,
die Ernten und Fechsungen sich überstürzen,

im November die Knechte die Stube heizen,
und Mädchen zerbröseln den türkischen Weizen,

verkostet im Keller bei Kerzenschein
bedächtig der Bauer den jungen Wein.

Dann eines Nachts die Pollauer Höh'
setzt auf ein Käppchen von flimmerndem Schnee.

Kehrt aus der Christmett' vermummt die Schar,
keimt still unter Äckern das kommende Jahr.

Fritz Felzmann

LANGE ZEILE –
(Auspitz)

Straße zum Licht.
Unter dem hellgrün gefiederten
Blattwerk der dichten
Akaziensträucher
weiße und blaue
Veilchen im März.

Warmer Staub
an den Straßenrändern.
Kleine, geduckte,
farbige Häuser,
Brunnen und weiße
Wasserkannen —

Lange Zeile —

Über der Böschung
ein Weg zu den Hügeln,
lehmbraune,
frühlingsträchtige Hänge,
auf denen der Wein
zu grünen beginnt,
im März.

Wo seid ihr hingegangen,
ihr kleinen,
bloßen Kinderfüße
von damals? —

      Ilse Tielsch-Felzmann

ZWISCHEN WEISSEN BERGEN
(Nikolsburg)

Zwischen weißen Bergen
liegt im Hügellande
eine alte Bauernstadt.
Viele sind vorbeigegangen,
vielen ist sie angehangen —
eine alte Bauernstadt.

Zwischen weißen Bergen
sprangen wir mit Reh und Hasen
über Feld und durch den Wald.
Wasser rauschten auf und nieder,
und wir lagen unter'm Flieder
Tag und Abend bald.

Zwischen weißen Bergen
glänzt die Pappel
blüht der rote Mohn.
Was wir dort gesungen haben,
ach, das wird mit uns begraben —
morgen schon.

Kurt Nedoma

BILDSTOCK

Dort, wo die Feldwege sich kreuzen,
Ein Bildstock weit in dem Gefilde
Mit einem längst verwasch'nen Bilde,
Die Mutter und am Kreuz der Sohn.
Dem gaben fromme Hände Farbe,
Kornblumen, blau,
Und gold'ne Garbe
Und leuchtend roten Mohn!

Karl Schwendt

GESANG DER MÄHRISCHEN DORFSTRASSE

Wo uns'res Geschlechtes Sippe gehaust,
unter Dächern von Stroh, vom Wind zerzaust,
da läuft noch ein Lied die Mauern entlang,
da hat die Straße noch ihren Gesang.

Der Fenstereinschneider irgendwo
singt den Morgen ein mit Höhö und Hoho!
Das Glas auf dem Rücken, den Stock in der Hand,
so zieht er durch das erwachende Land.

Dann kräht ein Hahn, es ist noch früh.
Der Drahtbinder zieht sein langes Üüüüü . . .
„Wir flicken die Pfannen für die Bauersleut,
denn Kirchtag is' morgen und Sautod is' heut!"

Der Fetzenbanermann mit Getu' und Geklirr:
„Für Fetzen und Knochen ein echt's Weißgeschirr!"
Der Fleischerhund bellt, sonst ohne Geschrei,
mit Peitschenknallen fährt der Fleischer ins Gay.

Der Fleischer fährt ins Gay, und die Kochlöffelleut
aus der Slowakei schrein: „Kaft's Kuleffel heut!"
Sie bieten die Ware zu fröhlichem Kauf,
es hallt die Mauern straßab und straßauf.

Terumtumtum . . . teratata . . .
der Mann des Gesetzes, der Trommler, ist da.
Terumtumtum . . . terumtumtum . . .
die Trommel brummt. Dann wird es stumm.

Die Schulglocke läutet. Die Dorfstraße schweigt,
wenn die Sonne über das Walmdach steigt.

† Ilse Ringler-Kellner

WEIZENGOLD
UND WEIDENSILBER

Weizengold und Weidensilber
überhaucht das warme Land,
Ackerflur von Rain zu Rand.
Vor des Waldes dunkler Wand:
Wein und Brot.

Gütig schenkt ein guter Gott,
schüttet in der Bauern Hand:
Weizengold und Wein und Mais.
Läßt das Feldgebreite blühen,
Mohn und Rade. In den frühen
Morgenstunden Lerchensang. Und leis
Bachgemurmel, Flußgeraune —
Unterm Pflug die gute braune
Ackererde dampft am Morgen.

Weizengold und Weidensilber
Überglänzt das weite Land
Und es beut aus Gottes Hand
Wein und Brot.
                                H. Wessely

402. Weintrauben, Sinnbild Südmährens, aufgenommen in einem Weingarten bei Dürnholz

403. Alt-Nikolsburg, Stadt mit Burg und Umwallung. Vor der Mauer die Vorstädte, im Hintergrund der Heilige Berg. Nach einem Kupferstich aus dem Jahre 1673

404. Franz von Dietrichstein, Kardinal und Bischof von Olmütz (1599—1636). Für Nikolsburg hat Franz von Dietrichstein in jeder Hinsicht viel getan. Er stiftete das Piaristengymnasium und die Propstei, auch das Kapuzinerkloster und die Bauten auf dem Heiligen Berg. Als Generalkommissär und Landeshauptmann von Mähren war er das Haupt der Gegenreformation

405. Johann II. von Liechtenstein, geboren 5. Oktober 1840, regierender Fürst von 1858—1929, förderte in großzügiger Weise das Schulwesen, die öffentlichen Bauten in Feldsberg und in Eisgrub und war ein Freund der schönen Künste. Besondere Ehre gebührt dem Fürsten für den Neubau des Krankenhauses der Barmherzigen Brüder (Johanniter) und den Bau der Wasserleitung

407. Carl M. Thuma in seinem Atelier

▲ 406. Der Kunstmaler Carl M. Thuma (1870 geboren, 1925 gestorben) war Schüler (unter anderen) des Historienmalers Wilhelm von Lindenschmit, von Alexander von Liezen-Mayer und Alexander von Wagner. In diesem Zeitabschnitt schuf er sein Monumentalgemälde „Kaiser Joseph II. am Pfluge". 1898 wurde ihm die „Große Medaille" als höchste Auszeichnung der Münchner Akademie verliehen. Seit 1899 war er in Eisgrub als freischaffender Künstler ansässig. Er schuf meisterliche Landschaftsbilder unserer Heimat

Die Dichterin Ilse Ringler-Kellner, geb. am 9. September 1894 in Sarajewo, gest. am 25. August 1958, fand in ihrer feinsinnigen Lyrik gültigen Ausdruck für das Wesen unserer Landschaft und seiner schwerblütigen Menschen. Oft gelang ihr meisterlich die volksliedhafte Strophe, aber auch das gedankenschwere Gedicht, erfüllt von der Kraft des Bekennens. Der Nachlaßband „Wege der Liebe" bringt uns aber auch ihr Prosaschaffen nahe. Robert Hohlbaum schrieb zu ihrem 60. Geburtstag 1954: „Ihrem Können entsprechend müßte sie längst unter den ersten Namen deutscher Dichterinnen genannt werden." — Aus ihrem Schaffen: „Heimweisen", Gedichte, von ihrem Gatten Prof. Ringler auf Stein gezeichnet (1921); 1932: „Lieder, Balladen, Legenden" (Gedichte); 1934: „Ahnenlandschaft" (Gedichte); 1939 erschien „Südmährische Heimat" und 1942 „Der liebe Augustin" (Sagen).

408. Die Porträtbüste der Dichterin schuf der akad. Bildhauer Rudolf Schmidt, Rodaun bei Wien

409. Prof. Josef Freising ist am 17. September 1875 in Unter-Tannowitz geboren. Er ist der Begründer des Südmährischen Turngaues, den er in unermüdlicher Aufbauarbeit aus kleinen Anfängen zu einem stolzen, 15 Turnbezirke umfassenden Schutzbund unserer Heimat machte. Es wurde ihm für seine großen Verdienste die Würde des ersten Ehrengauturnwartes verliehen. Er hat sich durch die Herausgabe vieler Heimatbücher (Ortsgeschichte von Muschau, Millowitz, Treskowitz, Unter-Tannowitz und Klentnitz) auch als Heimatforscher einen Namen gemacht. Zu seinem 85. Geburtstag wurden ihm die Dr.-Rudolf-Lodgman-Ehrenplakette und das goldene Ehrenzeichen des Südmährischen Landschaftsrates verliehen, 1965 der Ehrenbrief der Heimatlandschaft Südmähren. Er starb am 17. 9. 1971 in Esslingen/N.

410. Hofrat Wilhelm Lauche war der langjährige Leiter der Höheren Obst- und Gartenbauschule von Eisgrub. Diese Anstalt war, in Theorie und Praxis von erprobten Lehrkräften geführt, eine der hervorragendsten auf diesem Gebiet

Senator Josef Luksch, Bauer aus Lodenitz, geboren am 7. März 1862, gestorben am 25. November 1936, ist aus eigener Kraft und Gabe das geworden, was er für uns war: langjähriger Bürgermeister von Lodenitz, Reichsratsabgeordneter im altösterreichischen Parlament, 1918 Staatsrat Deutschösterreichs, Mitglied der österreichischen Delegation bei den Alliierten. Er war Inhaber des Franz-Josef-Ordens, Ehrenbürger von 20 Gemeinden, außerdem Präsident des Zentralverbandes der deutschen landwirtschaftlichen Genossenschaften Mährens, Schlesiens und der Slowakei. Josef Luksch verzichtete nach dem Tode seines Vaters auf das geplante Studium und übernahm das väterliche Anwesen. Durch seine unermüdliche und erfolgreiche Tätigkeit bewies er, daß die hohe Schule des Lebens auch tüchtige Männer formt.

411. Senator Josef Luksch, Lodenitz

Rechts unten: 413. Dr. Adolf Schärf, geboren 1890 in Nikolsburg, hat sich nach dem Studium der Rechtswissenschaft aktiv in Wien am politischen Leben Österreichs beteiligt. 1933/34 war er Mitglied des österreichischen Bundesrates, 1934, 1938 und 1944 war er in Haft, 1945 bis 1957 Vorsitzender der Sozialistischen Partei Österreichs, 1957 bis 28. Februar 1965 (seinen Todestag) war er österreichischer Bundespräsident.

412. Doktor Karl Renner, 1870 in Unter-Tannowitz geboren, am 31. Dezember 1950 in Wien gestorben. Sozialdemokratischer Politiker. 1919 bis 1920 österreichischer Staatskanzler, 1931 bis 1933 Präsident des Nationalrates, 1945 bis 1950 zunächst Bundeskanzler, dann aber Bundespräsident

413. Dr. Adolf Schärf, Nikolsburg, österreichischer Bundespräsident

414. Teilansicht Nikolsburgs mit dem Dietrichsteinschen Schloß. Der Turm noch in seiner vertrauten, spitzen Form. Heute, nach dem Brand von 1945, hat der Schloßturm wieder seine ursprüngliche barocke Zwiebelform.

415. Stadtplatz mit dem Renaissanceturm (Helmbarock) der gotischen Propsteikirche St. Wenzel. Vor dem Turm Barockfassaden. Im Vordergrund die eigenartige Dreifaltigkeitssäule, entworfen von A. J. v. Preuner, ausgeführt von den Steinmetzen Ph. Nader (Nikolsburg) und A. Steinböck (Eggenburg) und dem Bildhauer Ignaz Lengelacher im Jahr 1723.

Fürst Dietrichsteinsche Gruftkirche

417. Barockhaus, mit prächtigem Ziergitter der Fensterkörbe

418. Das Innere der Piaristenkirche St. Johannes des Täufers ist ein Musterbeispiel barocker Formenfülle.

419. Blick durch das dreiteilige Schloßtor auf den Turm der Propsteikirche. Das Tor zeigt die vollkommene Schönheit barocker Schmiedekunst

420. Der ovale Ahnensaal des Schlosses mit 15 Bildnissen Fürst Dietrichsteinscher Ahnen. Bildnisse und Deckenfresken stammen von A. J. v. Preuner

▲ 422. Nikolsburger Schloßbibliothek. Blick in einen Saal der einst großen Sammlungen, die leider seit dem Jahre 1933, bedingt durch die hohen Vermögensabgaben an die damalige Tschechoslowakei, verkauft werden mußten und in alle Welt verstreut wurden. Die Sammlung hatte außer Zehntausenden Büchern, darunter älteste Bibelausgaben, Inkunabeln, Holzschnittwerke mittelalterlicher Meister, Handschriften aus dem 10. Jahrhundert, Slavica und Judaica (nach Dr. R. Hofmann), u. a. auch wertvolle alte Musikdrucke und Liederbücher. Aus einem dieser Werke stammt nebenstehende Reproduktion
(Foto: Dr. R. Hofmann)

▼ 421. Eine Seite des Liederbuches „Kirchengeseng der Böhmisch-Mährischen Brüder" (Prag 1566). Es enthält u. a. auch mehrere geistliche Gesänge von Martin Luther.
(Foto: Dr. R. Hofmann)

◄ 423. Schauwand des Portalbaues am sogenannten Fürstenhügel. Sie wurde vom fürstlichen Hofbildhauer Ignaz Lengelacher durch einen von Atlanten getragenen Architrav, der reich mit Sphinxen und Putten verziert und mit einem Wappen gekrönt ist, geschaffen

▶ 424. Motiv aus der alten Judenstadt in Nikolsburg nach einer Radierung von Max von Scherer

▼ 425. Das große Zehentweinfaß im Fürst Dietrichsteinschen Schloßkeller. Die regional unterschiedlichen Größen des „Eimer"-Maßes führten zu dem falschen Schluß der Bildüberschrift. Tatsächlich faßt das Nikolsburger Faß 101 081 Liter, das Heidelberger aber 221 726 Liter

▼ 426. Heiliger Berg bei Nikolsburg mit der St.-Sebastian-Kirche, von Fürst Kardinal Franz v. Dietrichstein nach dem Erlöschen der Pest 1623 gestiftet. Im Vordergrund die Grabkapelle mit maurischen Türmchen

427. Deutlich sichtbar verläuft am Fuße des Heiligen Berges die Steinzeile, im Vordergrund rechts die Gruftkirche

428. Ein seltener Anblick ist der Heilige Berg im Winterkleid

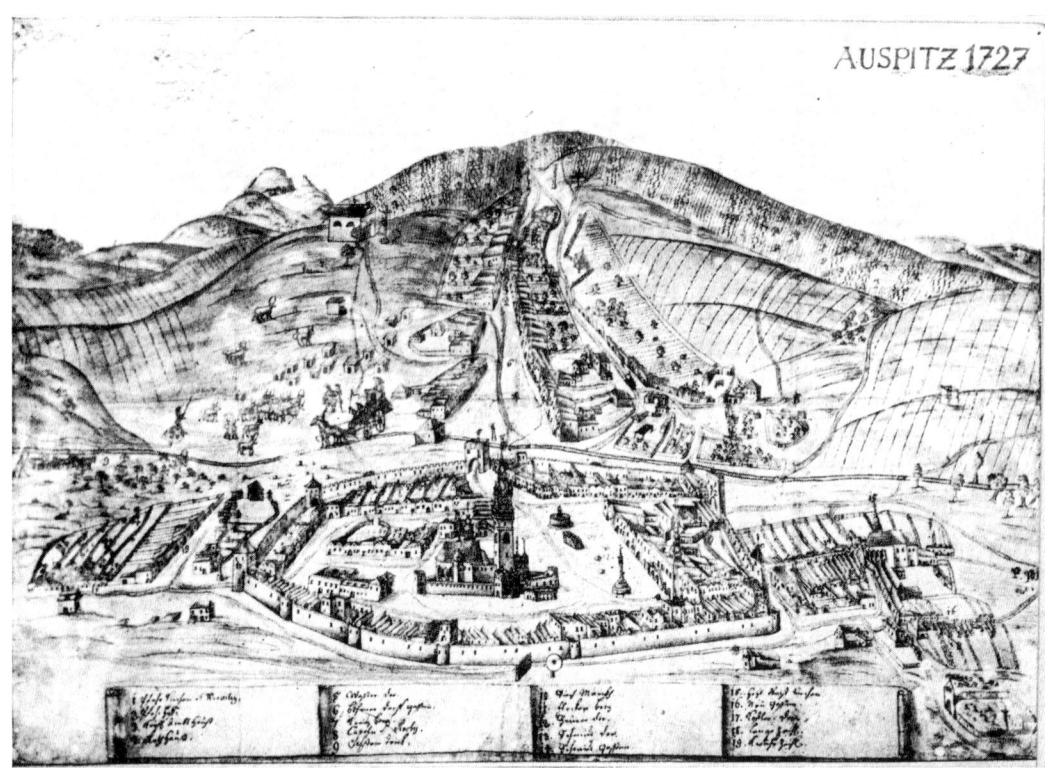

429. Ein altes Stadtbild von Auspitz zeigt deutlich die damals noch von Türmen gekrönte Umwallung und die wehrhafte Stadtkirche St. Wenzel

Auspitz wird im Jahre 1240 urkundlich zum ersten Male genannt, ist aber, wie die meisten Orte unserer Heimat, schon viel älteren Ursprungs. Im Jahre 1572 wurde es von Kaiser Maximilian II. zur Stadt erhoben. Seit alters her hielt man hier bedeutende Viehmärkte ab. Vor allem bildete aber der Weinbau einen wichtigen Erwerbszweig seiner ungefähr 4000 Einwohner. Daneben wurden Fenchel und Süßholz angebaut. An der Nordbahnlinie Wien — Brünn gelegen, war es Sitz einer Bezirkshauptmannschaft und eines Bezirksgerichtes. Es besaß eine Unterrealschule und eine landwirtschaftliche Schule. Das Gotteshaus St. Wenzel besaß den Rang einer Dekanatskirche. — An Industriebetrieben gab es eine Likör- und Essigfabrik, außerdem zur Verarbeitung des Süßholzes eine Lakrizenfabrik. (Nach Dr. Ilse Tielsch)

430. Blick auf die Stadt mit Rathaus und Dekanatskirche

431. Über die Dächer der alten Stadt ragt hoch der Turm der aus dem 13. Jahrhundert stammenden Stadtkirche auf. Er ist westlich an das Kirchenschiff angebaut. Von den „Türhandeln" aus gesehen. Leider wurde das Gotteshaus 1945 zerstört

432. DOKTOR FRITZ FELZMANN

Dr. Fritz Felzmann, der beliebte Dichterarzt aus Auspitz, wurde am 16. 6. 1895 in Boskowitz geboren und starb am 10. 5. 1980 in Wien. Seine musische Begabung war so ausgeprägt, daß er neben dem ursprünglichen Jusstudium, Musiktheorie studierte, ehe er in Wien sein medizinisches Studium absolvierte.
In Auspitz wurde sein Haus ein kultureller Mittelpunkt. Neben dem Schriftsteller Carl von Levetzow (Urgroßneffe von Goethes Ulrike) waren die Komponisten Kornauth und Walter Andress, auch der Maler Karl Werner und viele andere häufig Gäste.
Nach Krieg und Vertreibung begann er als unbezahlter Gastarzt in Stockerau, bis er endgültig als Dermatologe Anstellung und große Anerkennung fand.
Sein musisches Hauptgebiet ist die Lyrik. Die feinsinnigen Gedichte sind meist der mährischen Heimat gewidmet. („Der Weinberg/Gedichtband".)
Auch die Erzählungen von Dr. Fritz Felzmann: „Zwischen March und Donau" haben das gleiche Thema.

433. Bergen, Blick von der Dreifaltigkeitssäule bergan. Im Hintergrund am Horizont die Rosenburg (Waisenstein)

(Foto: E. Morawek)

▲ 434. Auspitz, Marktplatz mit Rathaus (neuerer Bau) und mit der 1688 errichteten, 1737 erneuerten Dreifaltigkeitssäule

▶ 435. Weinlese in einem Auspitzer Weingarten. Oktoberstimmung liegt grau über dem Lande, aber die Bottiche füllen sich mit sonnenreifen Trauben

436. Der „Bruderhof" in Bergen ist eine alte Haushabe der Wiedertäufer, die in Südmähren unter dem Schutz der Liechtensteiner lange eine Heimstätte hatten. 1624 wurden die letzten durch ein Edikt Ferdinands II. gezwungen, das Land zu verlassen. Letzte Nachkommen leben heute in Kanada, sie haben neben ihrem Glauben auch ihre altsüdmährische Mundart bewahrt

437. Bratelsbrunn, bekannter Weinort bei Nikolsburg. Kirche und Pfarrhof

438. Dornfeld bei Pohrlitz. Das Dorf ist jüngeren Ursprungs, es wurde im Zuge der Intensivbesiedlung des 18. und des 19. Jahrhunderts planmäßig angelegt (wie Liliendorf u. a.)

439. Stimmungsvolle Aulandschaft an der Unteren Thaya bei Dürnholz

Dürnholz, urkundlich zuerst „Zum dürren Holze", wird 1246 zum erstenmal genannt. Hier wohnten die Heldenbrüder Kadolt und Siegfried Waise, von denen Kadolt 1260 im Kampf gegen die wilden Kumanen fiel. Liechtensteiner und auch Teuffenbacher haben hier residiert.

440. Markt Dürnholz, Schloß und Pfarrkirche

441. Alte Brücke zu Kirche und Schloß, das als kubischer Renaissancebau von Christoph Freiherr von Teuffenbach um 1580 erbaut wurde. Er siedelte auch Kroaten in Südmähren an

442. Ausritt der „Südmährischen Reiterschar" zu einem Festzug der Turner in Dürnholz

443. Bezeichnende Szene auf dem vielbesuchten Markt von Dürnholz

444. Kroatinnen in ihrer typischen Tracht, den bauschigen, weiten Röcken und gefältelten Stiefeln. Nicht zu vergessen das befranste, blumige Kopftuch. Sie kamen gern aus ihren drei Kroatendörfern auf den deutschen Markt nach Dürnholz

445. Idyll im Hofe einer Dürnholzer Wagnerei

446. Weingärten bei Dürnholz. Zwar sind die Trauben noch nicht reif, dafür lassen sich die beiden Jungen die Marillen sichtlich schmecken. Freundlich blicken Schloß und Kirche her und grüßen die Pollauer Berge

447. Schloß Eisgrub nach einem Kupferstich aus dem Jahre 1720. Gesamtansicht mit der zeitgemäßen Gartenarchitektur des Barock in seiner kunstvoll-spielerischen Gestalt

448. Das eindrucksvolle Tor des Reitstallgebäudes in Eisgrub. Ein Werk des großen Barockbaumeisters Johann Bernhard Fischer von Erlach. Um 1688 in Auftrag des Fürsten Johann Adam Andreas von Liechtenstein erbaut

449. Eisgrub, Schloßteil im englisch-gotischen sogenannten Tudorstil der Romantik, unter Fürst Alois II. von Liechtenstein von Architekt Georg Windmüller zwischen 1846 und 1858 umgebaut (nach einem **alten Stahlstich**)

◄ 450. Die zierliche neugotische Schloßkirche in Eisgrub

451. Weithin sichtbar beherrscht der 68 m hohe orientalische Turm die weite Parklandschaft des Eisgruber Schloßparks. Er wurde von 1797 bis 1800 auf künstlichem Fundament erbaut

452. Frainspitz bei Pohrlitz, Dorfmitte mit Kirche und Dorfteich

▲ 453. Fröllersdorf. Zum alten, renovierten Wehrturm wurde 1932/33 die Kirche gebaut. Dem Dorf, erstmals 1352 genannt, wurde 1584 von Christoph von Teuffenbach eine Kroatensiedlung zugesellt

454. Grenzschloß bei Feldsberg, an der Grenze zwischen Mähren und Österreich. Ein klassizistisches Bauwerk aus dem Jahre 1827

455. Die klassizistische Raisten-Kollonade wurde 1816/17, weithin sichtbar (ähnlich der Schönbrunner Gloriette), erbaut

STADT FELDSBERG

Die Stadt Feldsberg gehörte bis 1920 zu Niederösterreich. Die Begehrlichkeit der Tschechen riß die Stadt samt den Dörfern Bischofswarth, Garschönthal, Ober- und Unterthemenau aus dem österreichischen Staatsverband. Sie setzten damit der widerrechtlichen Besitzergreifung niederösterreichischen Gebietes die Krone auf.

Zur Zeit des Babenberger Markgrafen Adalbert (des Siegreichen) kam das Gebiet um Feldsberg an den Grafen Richwin, dessen Besitz die Orte Kettlasbrunn, Böhmischkrut, Herrnbaumgarten und Lundenburg umfaßte. Der Graf wurde später vom Kaiser als Verschwörer geächtet, und das Hochstift Passau erhielt 1056 seine Güter. Die Namengebung erfolgte sicherlich nach dem Dorfe Feldsberg bei Passau. 1192 trat Bischof Wolfker die Herrschaft des Ortes an den Truchsessen (des Herzogs Jasomirgott) Graf Wichard von Seefeld gegen Gnas ab. Doch blieb sie in kirchlicher Hinsicht bis 1783 Passau unterstellt. Mit dem Seefelder kam ein um die intensive Besiedlung Südmährens (bis weit nach Mittelmähren hinein) hochverdientes Geschlecht in unsere Heimat.

Zu seinem Sohne Kadolt, nun schon „Dapiferi de Veldesberch" (Truchseß von Feldsberg) genannt, kam der Minnesänger Ulrich von Liechtenstein (aus Judenburg in der Steiermark) auf seiner „Venusfahrt" nach Feldsberg. Er war von Venedig aus mit reichem Gefolge als Frau Venus verkleidet durch Friaul, Kärnten, Steiermark und Niederösterreich nach Mähren gezogen. Am 21. Mai 1240 erschien er in Feldsberg, mit seinem großen Gefolge von Kadolt herzlich aufgenommen.

In dem Epos „Vrouwen Dienest" (Frauendienst) gedenkt er Feldsbergs und seines geistlichen Herrn in folgenden Reimen:

> „Die Nacht war ich zu Mistelbach.
> Des andern Tag's ritt ich von dannen;
> mit mir vielmanche tapf're Mannen.
>
> Zweihundert Ritter oder mehr
> ritten mit mir. Von Mute hehr
> war mancher, der mit mir da reitet,
> sie waren ritterlich gekleidet.
> Selber des hohen Mutes reich,
> zog ich die Straße rittergleich,
> die hier wohl gegen Feldsberg ging,
> wo mich der Wirt gar froh empfing.
> Er ward geheißen Herr Kadolt
> von Feldsberc: man war ihm gar hold,
> zurecht um seiner Würdigkeit..."

(Ins Neuhochdeutsche übertragen von H. Wessely.)

Mit dem Nachfolger Kadolts, Albero von Feldsberg, starb das Geschlecht der Seefelder schon 1270 aus. Es folgten die Kuenringer und Rauhensteiner, bis Feldsberg schließlich 1391 an die Herren von Liechtenstein kam. In der Hand dieses Geschlechtes verblieb die Herrschaft Feldsberg bis zur Vertreibung 1945.

Die Liechtensteiner trugen stets, nicht nur in schweren Zeiten, großzügig zum Auf- und Ausbau der Stadt Feldsberg bei. Besonders Fürst Johann II. übernahm Ende des 19. und Anfang des 20. Jahrhunderts den Großteil der Kosten beim Neubau der Wasserleitung, des Rathauses (das alte war 1763 beim großen Stadtbrand eingeäschert worden), für das neue Krankenhaus und für die Schule. So zeigt sich auf Schritt und Tritt in Feldsberg wie in Eisgrub das segensreiche Wirken der Fürsten von Liechtenstein.

AM QUADENWALL

Mit Richtung nach Südosten,
In tiefen Schleifen eingesägt,
In wirrem Lauf fließt träg und schwer
Das tiefe, heimtückische Wasser,
Das gierig seine Ufer frißt —
Der Thaya Fischerparadies —
Ins Niemandsland der hohen Wälder.

Uralte Eichen krönen sie und krümmen sich.

Geheimnisvoll umwittert ist der Boden.
Furcht tastet über Hügel und auch Wälle,
Wo eine Sage ruht.
So wie das Röhren der Hirsche dort im Herbst
Die Schauer in die Glieder treibt.

Beklemmend tief und undurchdringlich
Ist das Schweigen.
Es hallt ein jeder Schritt,
Und sei er noch so weich.
Ein Gruseln
Und Entzücken
In einem gleich.

Blutgierig summen Myriaden von Gelsen
Hin zum warmen Leben.
Gestrüpp und mannshoch Nesseln überall.
Des Unerwarteten Versteck.

Einmal zwei Schritt vor mir
Verirrter Schuß,
Es splittert Eichenrinde.

Wer sich vom Wege hier verliert,
Scheint seines Seins nicht mehr gewiß.
Grenzwald.
Gefühl des Einsamseins, Verlorenheit und Enge.
Den Menschen nah
Und doch so weit.

Im Dickicht ist es Trost,
Wird man des Himmels noch gewahr.

Ein lähmend kurzer Atem,
Als träten Tote auf den Plan,
Die hier einst ausgelitten.

Ein unbestimmbares Gefühl,
Ein dunkles, banges Ahnen.
Gefühl aus tiefstem Grund.
Als steige altes Grauen aus Narbe und dem Boden.
Verbindung zu den Toten?
Witterung?
Woher der Sinn?
Woher kam das Gefühl?
Es war ja echt!
Die Schaufel hat es jüngst der Welt verkündet,
Daß da versunken eine große Stadt,
Vielleicht ein Volk,
Vielleicht ein Reich?
Das einstens fest gegründet!

Der Thayaschlamm hat mehr
Als ein Jahrtausend lang
Den Totenacker hier bestellt —
Er hatte Zeit —
Und jede Spur verwischt
Von Kampf und Not und Erdenleid!

Die Stadt hat keinen Namen,
Es wurzeln alte Eichen in Särgen jener Zeit!

Karl Schwendt

456. Dianatempel im Theimwald in der Form eines römischen Triumphbogens. Eine Inschrift lautet: „Dianae venatrici ejusque cultoribus. Joan. Pr. a. Liechtenstein, 1812." Zu deutsch: „Diana, der Jägerin, und deren Verehrern. Johann Fürst von Liechtenstein, 1812"

457. Der berühmte Gobelinsaal, den wertvolle Wandteppiche zieren (Schloß Feldsberg)

458. Tempel der drei Grazien, 1828 von Architekt Engel erbaut. Zwölf jonische Säulen stützen das halbkreisförmige Bauwerk. In den Nischen stehen allegorische Figuren der Künste und Wissenschaften. Die Gruppe der Grazien stammt von Fischer

459. Im Inneren befindet sich die Statue der Psyche von Kiesling

460. Schloß Feldsberg. Das Deckengemälde des Empfangssalons, eingerahmt von zierlichen Stuckornamenten. Auf dem abgesetzten Sims der Wandverkleidung stehen vier heitere Puttengruppen

461. Schloß Feldsberg. Der Empfangssalon ist reich an Ornamentik aus dem Rokoko. Besonders die gewölbte Decke und die holzverschalten Wände zeigen die vergoldeten Rocaillen jener verspielten Zeit

▼ 462. Barocke Zierbüsten mit phantastischem Kopfschmuck im fürstlichen Marstall

463. Die reichgeschmückte Schloßkapelle (beachtenswert die Fresken des Deckengewölbes) ist bei allem Prunk ein würdevoller sakraler Raum

464. Fürstlicher Thronsaal, mit prächtiger Wandverkleidung und Gobelins. Bedeutsam das Wappen über dem Baldachin

466. Feldsberg, Stadtpfarrkirche (Mariä Himmelfahrt). Unter Fürst Karl Eusebius von Liechtenstein 1670 erbaut. Über dem Hochaltar befand sich ein Dreifaltigkeitsbild von Peter Paul Rubens. Vor der Kirche rechts die Mariensäule

465. Trauernde Muttergottes (Feldsberg, Barockstatue)

467. Der stilvoll-vornehme Ahnensaal im Schloß zu Feldsberg

468. Garschönthal bei Feldsberg. Unter- und Mittelort (nach älterer Aufnahme)

469. Guldenfurt an der Thaya. Festlicher Dorfumzug mit dem „Bandlbam" (Bänderbaum)

▼ 470. Guttenfeld, Kirche. Eines der bei Dürnholz gelegenen drei südmährischen „Kroatendörfer", das heißt, neben den Deutschen gab es seit dem 16. Jahrhundert hier auch Kroaten

471. Katharinenbergkapelle bei Guldenfurt

472. Kirchenfeste in Gurdau. Eine der wenigen mährischen Kirchenburgen, die noch erhalten sind. Schon um 1350 bestand hier eine Kirche, die abseitsstehende Allerheiligenkapelle (Karner) ist noch bedeutend älter
(Prof. Vietze, Ostarichi-Verlag)

473. Gurdau bei Auspitz. Wuchtig ragt die alte Wehrkirche, Zeichen schwerer Notzeiten Südmährens, über die Giebel der Häuser auf

474. Klein-Niemtschitz bei Pohrlitz, Schule und Kirche

475. Klentnitz bei Nikolsburg. Dorfstraße, links die Statue des heiligen Florian. Weit im Hintergrund die Maidenburg

476. Klentnitz, alter Dorfbrunnen (Foto: Dr. Matzka)

477. Kuprowitz bei Pohrlitz, Barockkirche

478. Selbst im Verfall ragt der Waisenstein, die sogenannte Rosenburg, kühn über den Kalkklippen auf

Die Rosenburg hält das Gedenken an Kadolt den Waisen wach, der im Heer Ottokars II. zwischen Laa und Staatz im Kampf gegen die unsere Heimat bedrohenden Magyaren und Kumanen fiel.
Der Waisenstein hat eine wechselvolle Geschichte. Unter den Liechtensteinern erlebte er noch einmal eine Wiedergeburt, ehe ihn durch die Schweden das Schicksal der meisten Burgen unserer Heimat traf.
Trotzdem werden die gewaltigen Mauerreste noch lange stehen und für uns zeugen.

479. Das friedliche Bild läßt wenig ahnen vom harten Schicksal des Landes. Rosenburg bei Klentnitz

480. Wie Riesenburgen ragen die Felstürme nackt und kahl über fruchtbarem Bauernland auf (Oberwisternitz, im Hintergrund Muschau in der überschwemmten Thayaau)

481. Laatz bei Pohrlitz

482. Leipertitz bei Dürnholz, Dorfmitte mit Kirche

484. Der zu Ende des 13. Jahrhunderts errichtete Chor zeigt den bei uns seltenen Stil der Backsteingotik

483. Lodenitz bei Pohrlitz

Die Kirche ist der hl. Margaretha geweiht. Als frühgotische Basilika wurde sie schon um 1300 durch die Abtei Klosterbruck erbaut. Später erfolgten (1500 und 1700) mehrere Umbauten, wie der Barockgiebel der Westwand.

485. Die „Laventenburg" (urkundlich 1045 erstmals erwähnt) stand als wichtige Wasserburg zum Schutz der uralten Handelswege (Salz- und Bernsteinstraßen) sicher schon lang vor der urkundlichen Nennung im Gebiet der unteren Thaya. Nach dieser großen Schutzburg, deren Alter unbekannt ist, wurde die spätere Stadt benannt. Vielleicht hieß der befestigte Platz, den man jetzt (als einen der Hauptsitze des großmährischen Reiches tschechischerseits) ausgräbt, schon ähnlich. Eines ist sicher, daß Lundenburg einer der ältesten sudetendeutschen Ortsnamen ist, wie Prof. Fr. J. Beranek feststellte. Die Burg wurde im Lauf der Jahrhunderte immer wieder zerstört. Ein Renaissanceschloß entstand auf den Trümmern, das aber später (bis in das 19. Jahrhundert immer wieder An- und Umbauten erfuhr.

Lundenburg besaß Zucker-, Malz-, Möbel- und Konservenfabriken. Es war auch eine bedeutende Schulstadt, die außer Mittel- und Oberschulen ein Technikum und eine Müllereifachschule hatte. Außerdem eine Keramikfabrik. Besonders bekannt waren die seit 1888 bis zum zweiten Weltkrieg stattgefundenen Ruderregatten.

486. Blick von der Burg zum Wasserturm über die regsame Stadt. Durch die Erbauung der Kaiser-Ferdinand-Nordbahn Wien—Brünn (1837) wurde Lundenburg ein wichtiger Eisenbahnknotenpunkt

DIE WASSERROSE

Still und ruhig liegen
große Blätterherzen
auf der kühlen Flut,
weben einen grünen Schleier
in des Teiches Silber
voll von Sonnenglut.
Wenn ein Lüftchen
leichte Wellen kräuselt
in der klaren Ferne,
schaukeln leise nickend
ihre wundervollen,
großen Blütensterne.
Wie ein strahlend Auge
leuchten hier zu Gott empor
weiß' und gelbe Sonnen
aus dem hellen Grün hervor,
um mit ihrer reinen Pracht
still zu preisen ihren Schöpfer,
der die Welt so schön gemacht.
     Franz Müllner

487. Der malerische Brucksee bei Lundenburg

488. KARL SCHWENDT,

Vater österr.-ung. Staatsbeamter, Mutter Nordmährerin, ist am 13. 10. 1906 in Lundenburg geboren. Mit vier Jahren schon Vollwaise wird er mit seinen vier Geschwistern von seiner Tante (Schwester des Vaters) aufgenommen. Nach dem Abitur Handelsakademie, dann acht Semester Rechts- und Staatswissenschaft. Trotzdem, eben als Deutscher, von 1932–1938 arbeitslos. 1938–1940 Standesbeamter. Von 1940–1945 Kriegsdienst als Offizier. Nach Krieg und Vertreibung erst 1951 am Finanzamt Karlsruhe bis zu seinem Ruhestand tätig. Seine Frau stammt aus Pulgram. Der glücklichen Ehe entsprossen zwei Töchter. Allzufrüh verstarb Karl Schwendt nach schwerem geduldig ertragenen Leiden am 10. Jan. 1971.
Er war ein, der guten Tradition verbundener Lyriker, der in feinsinniger Weise, in kultivierter Sprache seine Gedichte, die sich um Heimat und Liebe ranken, schrieb.
Sein Werk blieb, bedingt durch den Zwang der Zeitumstände schmal: „Gedichte" 1938 und 1969 der Lyrikband „Licht und Schatten". Einige seiner gehaltvollen Gedichte sind in diesem Buche vertreten.

489. Lundenburg, Stadtkirche (17. Jahrhundert), 1945 zerstört

Lundenburg, durch die Jahrhunderte allen Anstürmen der Kriege preisgegeben, wurde immer wieder zerstört.
Ausgrabungen der letzten Zeit auf dem Gelände der „Heidenstatt" (Pohanska) ergaben die Freilegung der Fundamente einer großangelegten Stadtsiedlung aus dem 8. Jahrhundert, von der die Geschichte nichts berichtet. (Nach K. Schwendt)

490. Malspitz, Bezirk Pohrlitz

491a. Mariahilferin in Hochzeitstracht

491. Mariahilf a. d. Igel bei Pohrlitz

Mariahilfer Hochzeitstracht (getragen bis zur Jahrhundertwende) mit der „Gugel" (buntes Kopftuch), dem Spenzer (Jacke), dessen abstehender Hüftteil mit Fransen geziert ist. Typisch der weiße Rock (Kidl) mit farbigem Zierband und das Ziertuch (Schneuztüchl).

492. Letzte Wetterkanone Südmährens bei Millowitz

493. Millowitz bei Nikolsburg - Kirche und Kriegerdenkmal

494. Mohleis bei Pohrlitz - Dorfkapelle

Nicht erst heute werden Versuche gemacht, drohende Unwetter durch Explosionen zu zerstreuen. Das beweist unser Bild. Die Wetterkanone wurde im südmährischen Weingebiet gegen Hagelschlag eingesetzt. Wie es in dem Weinstocklied des Bauern J. Waltner aus Bratelsbrunn heißt:

„Es wird grauckert, daß koa Reif kimmt,
es wird g s c h o s s n, daß koa Schaua follt!"

495. Mödlau bei Pohrlitz - Schule und Kirche

496. Kirche in Muschau a. d. Thaya. Durch römische Funde (Münzen und Baureste) aus der Zeit der Quadenkriege bekannt.
Auch das Singrädlein (Kanon) „Muschauer Gläut": „Grüaß enk God, daunk enk God!" stammt von hier.

497. Hochwasser in Muschau

498. Leonhardiritt einer Gruppe der südmährischen Reiterschar in Muschau

499. Neudek a. d. Thaya bei Eisgrub

Auffallende Ähnlichkeit dieses alten Gebäudes (nach einer Zeichnung) mit der Unter-Wisternitzer Alten Mühle.

500. Neusiedl bei Dürnholz - Dorfplatz mit Kirche. Schon 1271 werden ein Ruemhard und Wichard von Neusiedl genannt

501. Neumühl bei Lundenburg - deutsche Schule

502. Ober-Wisternitz mit Maiden- und Neuhäuselberg, wo Reste der Neuhäuselburg (romanische Zeit) zu finden sind

503. Odrowitz bei Pohrlitz - Kirtagtanz „Irten" auf dem Dorfplatz. Aufnahme vom Michaelitag 1919

504. Der freundliche Weinort Pardorf bei Nikolsburg besaß sogar eine Sektkellerei „Hochriegl"

▼ 506. Pollau (Pulin) ist einer der ältesten südmährischen Orte. Die Pfarrkirche zur heiligen Barbara wurde 1658 sicher an Stelle der gotischen Kirche (von der noch der besonders schöne Wehrturm erhalten ist) erbaut. Der Ort gab dem Kalkgebirge seinen Namen.

◀ 505. Markt Pausram, Blick durch ein altes Gäßchen auf die gotische Nikolauskirche mit ihrem mächtigen Wehrturm. 1748—1749 schmückte sie der Bildhauer Ignaz Lengelacher aus. Im Pfarrhof befand sich eine Büchersammlung (1500 Bände) mit älteren Werken

507. Hoch über dem Ort thront die Ruine der alten Maidenburg, die erst im Dreißigjährigen Krieg zerstört wurde

Noch immer erhebt sich die stolze Maidenburg hoch über das Land. Von ihrer Höhe geht der Blick weithin über das südmährische d. Rechts unten liegt Pollau, links über der Thaya Schakwitz

509. Der Kesselberg (bei Ober-Wisternitz) war mit seinen steilen Felsengruppen ein beliebter Klettergarten. Namen wie „Martinswand" oder „Gotensteig" werden den Bergkundigen ein Begriff sein. Die Schönheit der Landschaft aber wird jeden fesseln

510. Das Felsmassiv des „Hochthron" mit dem Altensteig steigt wahrhaft dolomitenhaft zerklüftet empor

511. Steil und glatt fallen die Kalkwände des Maidenberges zur Klause ab

512. Der Maidenberg mit dem jähen Felsabsturz zur „Klause"

Kalkklippen über den weiten
Gebreiten der fruchtbaren Äcker,
kahl und vom pontischen Wind
überweht,
der die Samen der Steppe herträgt.

Felsenburgen,
grau über grünendem Lande.
In den klaffenden Spalten
harft ewig der Wind. —
Er weiß so viel ...   H. W.

513. Felsengruppe mit Haupt-, Nord- und Urbanturm. Zur Höhe führt der Alfsteig

514. Poppitz a. d. Nordbahn. Blick vom Burgstall über den Ort hin bis zum hochaufragenden Kamm der Pollauer Berge (von Norden). Im Mittelgrund Überschwemmung bei Tracht, Unter-Wisternitz und Pollau

515. Aufstellung der „Ratschenbuama" zum österlichen Umgang durch Poppitz a. d. Nordbahn

516. Eine alte südmährische Weinpresse mit Holzspindel

517. St. Jakob, Pohrlitz. Blick vom Eingang durch das Mittelschiff zum Hochaltar. Rechts über den Spitzbogenstützen die Freskenreste aus gotischer Zeit

518. Links unten: Malerische Ansicht des Wehrturms der Pfarrkirche St. Jakob

519. Rechts unten: Poppitz. Die stilreine Barockkirche, erbaut von 1696—1700

Pohrlitz wird urkundlich schon 1222 genannt. Die Geschichte des Ortes ist tragisch. Zum erstenmal 1278 nach der Schlacht bei Dürnkrut eingeäschert, von 1425 bis 1428 in der Gewalt der Hussiten. 1623 Austreibung der Reformierten (die Deutsche waren). 1676 Stadtbrand, 1945 Station des unmenschlichen Todesmarsches der Brünner Deutschen.

520. **Stadt Pohrlitz** - Hauptplatz. Im Hintergrund die Pfarrkirche St. Jakob

521. Prittlach: Glockenturm

An der ehemaligen Sprachgrenze bei Saitz gelegen. Der gemeindeeigene Kirchturm wurde im Jahre 1956 erbaut.

Die Glocke hatte folgende Inschrift:

Zeuge sei ich in späteren Jahren,
daß hier gute Menschen waren,
die in frommer Innigkeit
mich dem Dienst des Herrn geweiht.
Ich mah'n Euch Tag um Tag,
so oft als ich geschwungen:
die Väter waren deutsch,
so bleibens auch die Jungen.

In Prittlach wurden vom Frühjahr bis in den späten Herbst 700 Rinder und Pferde, ähnlich wie in der Pußta in Ungarn, auf der Weide gehalten. Einmalig in Südmähren.

521a.
Schömitz/Kr. Nikolsburg,
Dorfstraße mit Kreuz

?2. Prahlitz bei Pohrlitz. Der wuchtige Wehrturm
  Teil einer alten Kirchenfeste

524. Pulgram, Kreis Nikolsburg – die Thayabrücke. Die Brückenmaut wurde bereits 1861 aufgehoben

525. Saitz mit seiner Kirchenfestung zum hl. Johannes dem Täufer. 1508 vom Saarer Abt Veit ausgebaut

3. Treskowitz, bedeutender Markt. Die
arrkirche ist dem hl. Wenzel geweiht. Es ist
r Heimatort von J. Ahmon, Primgeiger von
Strauß

reskowitz gab auch einem der schönsten süd-
ährischen Volkstänze, dem „Treskowitzer
enuett", den Namen.

526. Groß-Steurowitz bei Auspitz. Noch um 1570 war das Dorf befestigt. 1323 schenkt Königin Elisabeth Steurowitz der Altbrünner Nonnenabtei.

527. Landschaft bei Tracht, Blick von der Thayaau hin zu den Pollauer Bergen, die sich wie eine klare Woge hinziehen

528. Tracht - Kirche zum hl. Udalrich. Urkundlich schon 1051 genannt, erhielt der Ort 1334 Marktrechte

AULANDSCHAFT

So von des Flusses Gnaden
heben sich Erle und Weidenstumpf.
Zaudert die Pappel, im Sumpf
ihre Wurzel zu baden ...
Wucherndes Schilf. Im Gebüsche
birgt sich ein Nest so dicht und warm.
Abends im toten Arm
springen blinkende Fische.
Fahles Gras an den Stämmen
hängt noch vom wilden Eisgang her.
Wird das Wasser es kämmen?
Faulbaum duftet süß und schwer.
Züngelt eine Schlange.
Schreit ein Vogel auf in Not ...
Und mit stillem Gange
rinnt der Fluß durch Leben und durch Tod.
                              H. Wessely (1938)

Unter-Tannowitz, 1245 zum erstenmal urkundlich genannt. Die Pfarrkirche zum hl. Ägidius bestand schon 1276, wurde aber im 17. Jahrhundert umgebaut und erweitert.

Der Markt ist einer der bekanntesten Weinorte Südmährens. Bei 1818 Hektar Gemeindefläche hatte er 2778 ausschließlich deutsche Einwohner. Von hier stammen der mehrfache Präsident der Republik Österreich, Dr. Karl Renner, und der Ehrengauturnwart Südmährens, Professor J. Freising.

529. Der Pranger in Unter-Tannowitz (Markt bei Nikolsburg) als Zeichen alter Gerichtsbarkeit

530a. PROF. SEPP RINGLER

Hauptmann a. D./Akademischer Maler.
* 21. 5. 1887 in Unter-Tannowitz, † 27. 1. 1970 in Heidenreichstein.
1916 heiratete er die bekannte Südmährische Lyrikerin Ilse Ringler-Kellner, deren Bücher er liebevoll illustrierte.
1920 ging er nach seinem Kunststudium in den Schuldienst. Er war nebenher als Maler und Bildhauer von starker Ausdruckskraft tätig. Die Selbstbiographie, die er auch illustrierte, handelte von seinen Kriegsjahren als Frontoffizier. Von seinen Schülern wurde er wegen seiner reichen Kenntnisse und dem ausgeprägten Gerechtigkeitssinn sehr verehrt.
Sein Sohn Roland Ringler hat die bitteren Erfahrungen im letzten Krieg in dem Buch „Endstation El-Alamain" mahnend festgehalten.

530. Prof. Sepp Ringler: Tretten (Laubengang) in einem südmährischen Bauernhof (Federzeichnung)

531. In Unter-Tannowitz die sogenannte „Weinbeergoaß" beim Weinlesefest. Ein Bauernschwank in südmährischer Mundart von Karl Bacher trägt den gleichen Titel

533. Weinprobe in einem Unter-Tannowitzer Keller. Es ist sichtlich ein guter Tropfen

532. Unter-Themenau bei Lundenburg. Die um die Jahrhundertwende erbaute Kirche, aus Backsteinen, mit buntglasierten Dachziegeln geziert, wurde zum Wahrzeichen des Ortes

Der Markt Unter-Wisternitz (urkundlich 1334 erstmals genannt) am Fuße der Maidenburg mit den Felsgebilden der drei Jungfrauen mit dem Hund. Die Ortschaft steht auf uraltem Siedlungsgrund des Eiszeitmenschen.

534. Alte Mühle mit Ecktürmen und Sölleraufgängen in Unter-Wisternitz

535. St. Johannes von Nepomuk (unser heimischer Brückenheiliger, der eigentlich J. Wölflin hieß). Das stilvolle Hochrelief in der St.-Michaels-Kirche zu Unter-Wisternitz schuf Ignaz Lengelacher zu Anfang des 18. Jahrhunderts (Foto Marburg)

536. Der Schutzpatron der Deutschen - Sankt Michael - im Kampf mit dem Bösen (halb Teufel, halb Drache). Plastik von Ignaz Lengelacher, dem Hofbildhauer der Fürsten Dietrichstein. Sein kunstreiches Wirken gab mancher unserer Barockkirchen erst mit dem edlen Figurenschmuck den schönen Zusammenklang von Bau und Skulptur

▲ 537. „Venus XV" von Unter-Wisternitz (natürliche Größe)

539. „Venus I" von Unter-Wisternitz aus gebranntem Ton. Am 13. Juli 1925 bei Ausgrabungen des Mährischen Landesmuseums gefunden (Höhe der Tonfigur 111 mm). Seitenansicht

Als „Venus XV" von Unter-Wisternitz bekanntes Köpfchen aus Mammutelfenbein. Bei Ausgrabungen des Mährischen Landesmuseums am 22. August 1939 bei Unter-Wisternitz gefunden. Dieses zarte Gebilde von Menschenhand, ein Kunstwerk von großer Ausdruckskraft, ist die älteste Darstellung des menschlichen Antlitzes, die man kennt. (Letzte Kultzeit des Eiszeitalters vor 20.000 bis 25.000 Jahren.)

540. „Venus I" (Rückansicht)

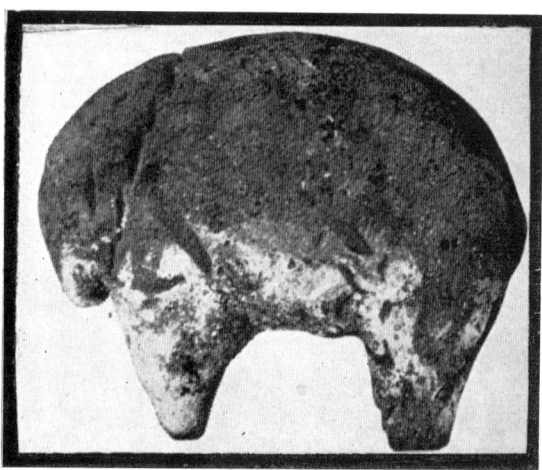

538. „Mammut von Pollau", von Eiszeitmenschen aus Ton geformt und gebrannt. Es wurde von Hans Freising am 1. November 1923 auf den Lagerplätzen der eiszeitlichen Mammutjäger ausgegraben

Auf dem Rücken befindet sich eine Verletzung, die der eiszeitliche Jäger bei der Ausübung des Jagdzaubers dem Figürchen beibrachte. Die Größe der Mammutdarstellung ist nur 26 x 21 mm (etwa dreifache Vergrößerung)

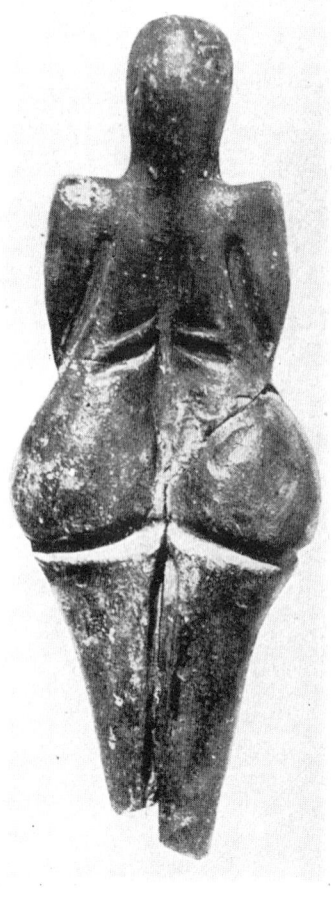

(Alle Bildtexte nach Dr. H. Freising, der auch das Bildmaterial zur Verfügung stellte)

▲ 541. Urspitz bei Pohrlitz, zu dem drei Gutshöfe gehörten (Graf Herberstein)

542. Voitelsbrunn am Steindammdeich, der im Volksmund Nimmersatt genannt wird. Der Ort besitzt ein Schwefelbad. Botanisch interessant ist die Salzflora

▶ 543. Weißstätten a. d. Thaya (Funde aus der Bronzezeit). Kirche mit dem alten Turmhelm, der nach 1945 als Zwiebelturm restauriert wurde.

Von hier stammt väterlicherseits Walther Hensel, der sudetendeutsche Volksliederneuerer.

▶ 544. Woikowitz - Inneres der Pfarrkirche. Schon frühzeitig (1131) urkundlich genannt.

Von hier stammt der berühmte (später in Augsburg lebende) Goldschmied J. Zeckel (1691 bis 1728). Das Kloster Raigern besitzt einen kunstvollen Altarkelch von seiner Hand.

545. Markt Wostitz besitzt eines jener ländlichen, aber malerischen „Meierhofschlösser" (Anfang 16. Jahrhundert), das aber wahrscheinlich anstelle eines älteren Schloßbaues (Wasserburg?) errichtet wurde

546. Ein stilvolles Werk barocker Skulptur ist die Statue des hl. Johannes von Nepomuk in Wostitz

547. Das hohe, schlichte Südmährerkreuz, nahe der Grenze bei Klein-Schweinbarth in Niederösterreich, wurde 1963 zum Gedenken an die Tragödie der Heimatvertreibung errichtet. Als ein Zeichen stiller Trauer weist es hinüber nach Nikolsburg und auf das weite südmährische Land. Alljährlich finden auf dem Kreuzberg Zusammenkünfte und Treffen unserer Landsleute statt. Das Mahnmal ist für uns zu einer Weihestätte geworden

548. DR. ANTON KREUZER, Jurist, Historiker

Er wurde am 18. Juni 1909 in Rohatetz bei Göding geboren, verlebte aber Kindheit und Jugend in Lundenburg. In Nikolsburg besuchte er das Gymnasium. Reifeprüfung 1927. Nachher studierte er Rechtswissenschaft in Prag, wo er auch im Mai 1932 zum Doktor jur. promovierte.
Sein Hauptinteresse galt aber schon frühzeitig der Geschichte Südmährens, die er kritisch vergleichend, auch Fälschungen aufdeckend, wie niemand vor ihm in unzähligen Aufsätzen darlegte. Vor allem in seinem 1975 erschienenen Buch „Geschichte Südmährens Teil I von den Anfängen bis 1918" schuf er das erste Standardwerk über die Geschichte unserer Heimat überhaupt. Er hat streng wissenschaftlich ohne Schönfärberei, aber auch ohne Schadenfreude manche protschechische Geschichtsklitterung aufgedeckt. Aber auch widersprüchlich dargestellte Verträge und rein durch Unkenntnis bedingte Fehlschlüsse in Chroniken richtiggestellt. Es war ein Glücksfall, daß er 1956 zur Bundesbahndirektion München kam. Hier fand er in Archiven und Bibliotheken eine Fülle von Quellen wie er sie nur wünschen konnte. Sein historischer Spürsinn und sein kritischer Geist leitete ihn bei all seinen Arbeiten. Er war einer der fleißigsten und wichtigsten Mitarbeiter des „Südmährischen Jahrbuches" und der „Mährisch-Schlesischen Heimat", die Dr. Richard Zimprich jahrzehntelang herausgab.
Als Dr. Anton Kreuzer am 25. Juni 1977 den „Südmährischen Kulturpreis" erhielt, konnte niemand ahnen, daß am ersten Weihnachtstag des gleichen Jahres, seine Lebensflamme erlosch. Es war ein großer Verlust, denn wichtige historische Arbeiten schwebten ihm noch vor.

549. JOSEF F. LACHE, Lehrer, Heimatforscher, Historiker,

kam am 20. 4. 1887 in Braunbusch bei Neumark, Böhmerwald, als Sohn eines Lehrers zur Welt.
Schon als Siebenjähriger kam er mit seinen Eltern in den Schönteichgau, wie man das Bistritzer Ländchen nannte. Er wählte wie sein Vater den Lehrberuf. 1906 legte er in Prag die Reifeprüfung an der Lehrerbildungsanstalt ab. Er war neben dem Lehrberuf im Kulturverband tätig und gründete in Kaltenbrunn und Schönborn, als dort die deutschen Schulen gesperrt wurden, dann Kulturverband Schulen.

Darüber hinaus war er unermüdlich als Heimatforscher tätig. Nach Krieg und Vertreibung stellte er sich der landsmannschaftlichen Aufbau- und Kulturarbeit zur Verfügung. Als Mitarbeiter des Südmährischen Jahrbuches hat er in unzähligen sachkundigen Aufsätzen sein reiches Wissen weitergegeben. Er erhielt mehrere Auszeichnungen, darunter das große goldene Südmährische Ehrenzeichen und den Josef-Freising-Preis. Man sah den Nimmermüden nicht sein hohes Alter an, aber am 16. Mai 1979 nahm ihm der Tod, nach monatelangem Krankenlager, für immer die Feder aus der Hand. Er stellte außer wichtigen historischen Anregungen das gesamte reiche Bildmaterial für unseren Bildband zur Verfügung.

550. ANTON LADNER,

Landwirt, letzter Bürgermeister und Chronist von Groß Tajax, Kreis Znaim.

Es ist unvorstellbar, was er auf dem Gebiet der Mundartforschung leistete. Mit unübertrefflicher Gründlichkeit hat er ein Wörterbuch der heimatlichen Umgangssprache mit 40 000 Ausdrücken in sieben Bänden handschriftlich niedergelegt und damit ein Denkmal der aussterbenden Ui-Mundart von unschätzbarem sprachwissenschaftlichen Wert geschaffen. In vielen Beiträgen für unser Jahrbuch hat er heimatliche Überlieferung festgehalten, z. B. „Dreihundert Weistümer und Sprüche" und über „dreitausend Redensarten aus Groß Tajax". Auch die umfangreiche Chronik seines Heimatortes wurde von ihm verfaßt, er stellte sie unter den beziehungsreichen Titel: „Unser Eden". Für seine wertvollen Beiträge zum Erhalt heimatlicher Mundart und Kultur erhielt er im Jahre 1969 den Prof.-Josef-Freising-Preis. Er starb am 3. November 1972.
Er war ein Beispiel dafür, zu welcher kulturellen Höchstleistung es aus eigener Kraft ein Mann aus dem Volke bringen kann.

551. DR. JOSEF HOLIK,

Diplom-Landwirt und Doktor der Agrarwissenschaften, wurde am 23. 6. 1902 in Lodenitz/Landkreis Nikolsburg geboren. Sein Vater war ein angesehener Landwirt und sogenannter Rechner der Raiffeisenkasse. Er maturierte (Abitur) in Znaim an der Oberrealschule mit Vorzug und wählte, das stand für ihn fest, das Studium der Landwirtschaft. Zuerst in Göttingen und Halle, später in Tetschen-Liebwerd und schließlich abschließend in Prag. Einer seiner Prager Professoren war der damals international bekannte Fachmann für moderne landwirtschaftliche Maschinen. Er wandte sich den genossenschaftlichen Organisationswesen zu und war jahrelang Gausekretär für Südmähren in Brünn und damit ein hochgeschätzter Berater und Betreuer. Als sein Vater frühzeitig starb, übernahm er den Bauernhof, führte aber ehrenamtlich weiterhin seine Tätigkeit aus. Daneben war er als volksbewußter Mann im Turnverband, er war der letzte Gauobmann des Turngaues Südmähren.

Die größte Bedeutung erreichte er aber auf dem Gebiet der Zuckerfabrikation. International anerkannt, so erhielt er einen hohen französischen Orden, reformierte er durch die Beteiligung der Zuckerrüben anbauenden Landwirte, das internationale Marktwesen zugunsten der Bauern. In Unterfranken baute er sein System auf und aus, und dies mit so durchschlagendem Erfolg, daß es im In- und Ausland bald Schule machte. Zum 70. Geburtstag erhielt er den Bayerischen Verdienstorden, das Große Bundesverdienstkreuz und als 12. Träger die selten verliehene Raiffeisen-Medaille. Die Universität Hohenheim ehrte ihn mit der Ernennung zum Ehrensenator. Dr. Holik starb nach längerem, schweren Leiden am 28. 6. 1973. An der großen Trauerfeier in Würzburg nahmen Hunderte von Persönlichkeiten des In- und Auslandes aus dem Fachbereich teil.

552. ERNEST HOLLMANN, Lyriker, Erzähler, Journalist.

Er wurde am 13. 12. 1884 in Mühlfraun geboren und 1945 von Tschechen ermordet.

Im 1. Weltkrieg aktiver Offizier, wurde er mehrfach ausgezeichnet, aber auch verwundet. Nach dem Zusammenbruch 1918 war er ab 1919 einige Jahre als Journalist in Berlin tätig. Aber auch literarisch waren diese Jahre fruchtbar. 1923 verfaßte er „Der tote Held und die Heimat", 1924 „Fahnengold und Heimatsonne", 1926 den Gedichtband „Gefühl ist alles", der von dem Prager Dichterarzt Hugo Salus höchstes Lob erfuhr. 1928 folgte „Novelle einer Nacht" und 1933 die köstliche Hasengeschichte „Hopsel". In seinem Schauspiel „Joohan", das im bäuerlichen Milieu spielt, zeigt der Dichter in ausgezeichneter Mundart ein tragisches Sittenbild. Kennzeichnend für die hohe Wertschätzung des zu Unrecht wenig bekannten Werkes, ist die Freundschaft mit den Dichterkollegen Robert Hohlbaum und Josef Weinheber. Hollmann ragt mit seiner Dichtung weit über das Provinzielle hinaus, doch nie verlor er die tiefe Verbundenheit zu Volk und Heimat.

Als Leiter eines Umsiedlerlagers für Deutsche aus der ukrainischen Dobrudscha in Frain, hätte er leicht nach Niederösterreich fliehen können. Im Bewußtsein seiner Schuldlosigkeit blieb er auf seinem Posten. Es ist unverständlich, daß dieser gütige Dichter ein Opfer blinden Deutschenhasses werden konnte.

HERBERT HORNTRICH, Schriftsteller und Volksliedforscher, Lyriker, Dr. phil.

Der am 5. 6. 1914 in Nikolsburg Geborene empfing durch die Jugendbewegung, er war als Oberschüler Wandervogel, starke Impulse für Beruf und Berufung. Er studierte an der Karlsuniversität in Prag (1933–1937) Deutsch und Geschichte, dazu Musiklehre und Musikgeschichte. Der Titel seiner Doktorarbeit heißt, für ihn sehr kennzeichnend, „Das deutsche Volkslied in Südmähren". Mit Prof. Jungbauer schuf er in intensiver Kleinarbeit als Ergebnis strengwissenschaftlicher Forschung das Werk „Das sudetendeutsche Volkslied" (1937). Er schrieb das im Jahresbrauchtum gründende „Erntedankspiel" (1937).

1939 wurde sein Hörspiel „Marbod", dem König der Markomannen gewidmet, im Prager Rundfunk gesendet. In seinem Nachlaß befinden sich außer Gedichten das Dramenfragment „Beethoven", Erzählungen, darunter die Novelle „Mozart und die Menschen". Diese kleine Auswahl läßt schon ahnen, welchen Verlust für die heimatliche Kultur sein früher Soldatentod, er fiel am 10. 8. 1941 in Rußland, bedeutet.

553. DR.-ING. HANS FREISING, Archäologe, Geologe und Fachschriftsteller,

wurde am 18. 1. 1905 als ältester Sohn von Prof. Josef Freising, der aus Untertannowitz stammte, in Brünn geboren. Er starb nach schwerer Krankheit am 8. 12. 1977 in Stuttgart.

Dr. Freising war sein Leben lang der Vaterheimat zutiefst verbunden. Schon als junger Wandervogel erwanderte er sich dieses, auch an Bodenfunden reiche Thayaland.

Obwohl sein Berufsweg zuerst in Erreichung des Dipl.-Ingenieur-Titels auf dem Gebiete der Elektrotechnik gipfelte, gehörte seine Liebe der Vorgeschichte. Es gelangen ihm als begeisterten und hochgebildeten Außenseiter z. B. wichtige Funde von eiszeitlichen Tierfiguren im Raume der Pollauer Berge. Der größte Teil dieser Funde liegt in Troppau.

1949 nach Krieg und Vertreibung promovierte er (vierundvierzigjährig!) mit einer Dissertation über den „eiszeitlichen Löß" zum Doktor der Naturwissenschaften. Er wurde Oberlandesgeologe in Stuttgart.

Darüber hinaus gehörte seine ganze Liebe der südmährischen Heimat. In diesem Buche sind Bilder und Textunterlagen über Ur- und Vorgeschichte der Heimat ihm zu danken. Seine heimatlichen Schrifttumssammlungen sind beispielhaft und sehr umfangreich. Er war von 1974 bis zu seinem allzufrühen Tod südmährischer Kulturobmann.

Sein Bruder, Dr.-Ing. Fritz Freising, empfing am 17. 6. 1978 für den toten Bruder den Südmährischen Kulturpreis.

554. LEOPOLD GRECH,

als Sohn eines Klentnitzer Bauernehepaares, ebenda am 5. 10. 1900 geboren, war selbst Landwirt und Winzer. Als heimat- und volksbewußter Deutscher gehörte er dem Turnverein und deutschen Kulturverband an. Er war auch Gemeinderat in der Zeit des bedrohlichen Volkstumskampfes, wo es nicht nur um politische Behauptung gegen Übergriffe der Prager Regierung, sondern auch um die Bewahrung deutschen Besitzes in den zwanziger Jahren ging. Der vielseitig interessierte Landsmann Grech wohnte in einem Gebiet reicher Bodenfunde aus der Hallstattzeit und wurde auch mit der Rosenburg, die einst Besitz des Geschlechtes der sogenannten Waisen gewesen und in geschichtliche Zeiten reichte, konfrontiert. Nach dem unmenschlichen Geschehen der Vertreibung hat sich Leopold Grech um so bewußter der Pflege heimatlicher Überlieferung gewidmet. Er hat in intensiver Arbeit eine 520 Seiten umfassende Ortschronik mit vielen, von ihm stammenden Zeichnungen versehen, geschaffen. Darüber hinaus als Ortsvertrauensmann, der ein echter Betreuer seiner Landsleute war, hat er unermüdlich und einsatzfreudig gewirkt. Er erhielt für seine großen, selbstlos geleisteten Verdienste um Heimat und Volkstum am 5. Juli 1975 den „Prof.-Josef-Freising-Preis". Er war bis zu seinem Tode am 11. 11. 1981 ein Beispiel von Einsatzbereitschaft und Heimattreue.

FRANZ HADINGER,

Graphiker, Kupferstecher, Graveur, wurde am 28. 2. 1906 in Girlan bei Bozen, Südtirol, als Sohn des Znaimer Installateurs Otto Hadinger geboren. Die Mutter stammte aus Südtirol.

Er war nach der Graveurlehre bei Franz Heimisch in Znaim Meisterschüler an der Staatsfachschule für Kunstgewerbe in Gablonz an der Neiße und später als Fachlehrer an der gleichen Schule tätig. Sein Hauptwerk, ein sogenannter „Totentanz", ist ein Zyklus von 5 Kupferstichen, die zwar die Passion des 30jährigen Krieges zum Thema haben, aber in ihrer eindringlichen Symbolik zeitlose Anklagen sind. Er schuf auch Meisterwerke von Distelgraphiken und Tierdarstellungen, z. B. Hirschkäfer-Schnitte, die Kostbarkeiten dieser Technik sind. Die Einbandgestaltung der ersten Ausgabe dieses Buches stammte auch von ihm. Nach dem Krieg entstanden noch Wappengrafiken, Blumenbilder und Blätter in einer eigenen Technik. Ein Nervenleiden hinderte seine künstlerische Tätigkeit. Er starb am 4. 12. 1985 in Eutin/Schleswig-Holstein.

555. *WENZEL MAX*,
Hauptlehrer, Chorleiter, Volksliedsammler, Volksgutforscher.

Er wurde am 7. 10. 1898 in Moskowitz, Landkreis Znaim, als viertes Kind der acht Kinder des Bauern Karl Max und seiner Gattin Maria geb. Lausch geboren.

Wegen seiner großen Begabung schickte ihn sein Vater an die Lehrerbildungsanstalt in Brünn von 1913–1917, dann wurde der blutjunge Lehrer Soldat. Nach dem Zusammenbruch kam er in den Schuldienst, und zwar nach Weißstätten an d. Thaya, bei Nikolsburg. Von dort stammt väterlicherseits der Wiedererwecker des Volksliedes Walther Hensel (Dr. Julius Janitschek), der ihm Vorbild wurde.

Schon als junger Lehrer verschrieb sich unser Landsmann dem Chorgesang und sammelte südmährische Volkslieder und Tanzweisen. So gelang ihm in einer Landschaft, deren Volksliedgut bisher noch nie erfaßt worden, 123 wertvolle bodenständige Lieder, zwei Musikstücke und 6 Tanzweisen vor dem Vergessen zu bewahren.

Im 2. Weltkrieg mußte Wenzel Max wieder Kriegsdienst leisten und geriet in Gefangenschaft. Seine Gattin wurde von den Tschechen verhaftet und ein halbes Jahr im berüchtigten Lager am Muschelberg interniert. Sie hatte schon vorher die Liedersammlung und die Chronik von Weißstätten vergraben, um sie später im geringen Vertreibungsgepäck zu verbergen und zu retten. Obwohl es streng verboten war, nahm sie das Risiko auf sich.

Was es für das kulturelle Erbe Südmährens bedeutete, ermessen wir erst heute, wo seine Lieder nicht nur von der Südmährischen Sing- und Spielschar gesungen werden, sondern ihr volkskundlicher Wert durch die Drucklegung der Universität Freiburg anerkannt ist. Im In- und Ausland gehören Lieder und südmährische Volkstänze zum Erfolgsprogramm der Spielschar. Als ständiger Mitarbeiter des Südmährischen Jahrbuches hat er in wichtigen volkskundlichen Arbeiten seine Forschungsergebnisse mit vielen besonderen Liedbeispielen veröffentlicht.

Vielfach geehrt für seine großen Verdienste wurde ihm neben hohen Ehrenzeichen 1974 der „Südmährische Kulturpreis" verliehen. Nach langem Leiden ist Wenzel Max am 26. April 1982 von uns gegangen.

Auch sein Bruder Lukas Max war in der Volkstumsarbeit unserer Heimat tätig, er gehörte zu den verdienstvollsten sudetendeutschen Familien- und Sippen-Forschern. Auch zum Gelingen dieses Buches leistete er seinen Beitrag.

556. *PAULA MÜLLER-LÜTZENBURGER*,

Kunstmalerin, wurde am 3. Mai 1888 in Neubistritz als zweite Tochter des Kaufmanns und Gerichtsschreibers Franz Müller geboren. Ihre hohe künstlerische Begabung war zu offensichtlich. Eltern und Lehrer waren sich einig, so konnte sie ab 1904 an der Wiener Kunstakademie studieren. Sie wurde bald Assistentin ihrer Professorin, der damals berühmten Malerin Tina Blau, und übte diese Tätigkeit, neben ihrem persönlichen Kunstschaffen, bis zur Vermählung mit dem Wiener Architekten Franz Lützenburger im Jahre 1913 aus.

Es war ihnen nur eine kurze Spanne gemeinsamer künstlerischer Tätigkeit in den „Wiener Werkstätten", einer wichtigen Jugendstilgruppe, gegönnt. Schon 1915 kehrte ihr Gatte, der als Offizier seit Anfang des 1. Weltkrieges im Einsatz war, von einem Spähtruppunternehmen bei Gorlice nicht mehr zurück. Leider starb auch ihr einziges Kind Günter schon im Kindesalter. Die Malerin befand sich in schwieriger Lage, doch ihre künstlerische Leistung, besonders auf dem Gebiet des Porträts, aber auch mit Stilleben und Blumenbildern, brachte ihr Erfolg. Mehr als dreißig wertvolle Gemälde gingen bei der Vertreibung ihres Schwagers verloren.

Am 7. Februar 1951 ist sie nach langem schweren Leiden in Wien gestorben, wo sie auf dem Zentralfriedhof beerdigt wurde. In der Erstausgabe dieses Buches stammte das Bild „Blick durch das Schloßtor auf den Marktplatz von Neubistritz" von ihr in Farbe, in der neuen Auflage wird es in Schwarzweiß erscheinen.

557. FRANZ MÜLLNER,

Lehrer, Komponist, Lyriker, Sänger und Maler. Wahrlich ein vielseitiger Künstler, denn auf allen Gebieten schuf er Bedeutungsvolles.

Er wurde am 15. September 1899 in Erdberg bei Znaim als Sohn eines Landwirts geboren. Schon in frühester Jugend zeigte sich seine hohe musikalische Begabung. Schon als Schüler erhielt er Violin- und Gesangsunterricht bei Lehrer Josef Reiter. Vom Großvater wurde er für Trompete, Flöte und Waldhorn ausgebildet. In Olmütz war er Sängerknabe im Domchor. Leider unterbrach der Kriegsdienst ab 1917 bis zum bitteren Ende mit italienischer Gefangenschaft sein Studium.

Erst ab 1920 kam er in den Schuldienst. Auch als Lehrer leistete er Außerordentliches, denn der Künstler in ihm verstand es, die Schüler zu begeistern und mitzureißen. Sein Musik- und Gesangsstudium unterbrach er auch jetzt nicht. Er trat im Znaimer Stadttheater als Lukas in Haydns Oratorium „Die Jahreszeiten" auf, auch in klassischen Operetten.

Die Fülle seiner Kompositionen schuf er meist für seine Schülerchöre und zu bestimmten Anlässen. Er schuf auch zu Karl Bachers Gedichten Liedkompositionen, zum Teil für Männerchor, aber auch für Sologesang mit Klavierbegleitung.

Auch im zweiten Weltkrieg war er Soldat und geriet in kanadische Gefangenschaft. Nach der Entlassung kam er nicht gleich in den Schuldienst und war als Orchestermusiker tätig. Als er endlich 1947 wieder als Lehrer angestellt wurde, schuf er mehrere Kantaten, z. B. „die Lichterkantate" und das Singspiel „Till Eulenspiegel". Daneben schuf er bedeutende geistliche Musikwerke, Messen und Chorwerke. Aber auch auf dem Gebiet der Lyrik gelangen ihm tiefempfundene und sprachlich schöne Gedichte. Seine Erzählungen, die er für das Jahrbuch schrieb, illustrierte er gekonnt. Er war als schöpferischer Mensch eine seltene Ausnahme in seiner Vielseitigkeit, außerdem mit Humor gesegnet. In vielen Mundartdichtungen bekannte er auch die Liebe zur Heimat.

Er starb am 13. Oktober 1974 im hessischen Taunusstein. In ihm verloren wir Südmährer einen seltenen Künstler und Künder der Heimat.

558. PROF. FERDINAND STAEGER,

Kunstmaler, Graphiker, der das meisterliche Porträt von Karl Postl – Charles Sealsfield schuf, wurde am 13. 3. 1880 in Trebitsch Südmähren geboren. Er studierte in Brünn und Prag und war als ständiger Mitarbeiter der Kunstzeitschrift „Jugend" einer der aktivsten Vertreter des Jugendstils.

Auf jedem Gebiet der Malerei und Graphik erreichte er Vollkommenheit. So sind seine Zeichnungen von frühester Jugend an meisterhaft in der Linienführung und im Detail – wie auch seine Radierungen, Gipfelpunkte dieser schwierigen Kunstrichtung. Staeger, als philosophischer Künstler, schuf sich eine eigenständige Richtung, den „mystischen Realismus". Seine von geistiger Tiefe erfüllten Symbolbilder zeigen die Kraft eines großen Meisters, dem Kunst mehr bedeutete als nur Spiel der Farben und Formen. Im 1. Weltkrieg war er Kriegsmaler im Osten und an der Südfront in den Alpen. Über hundertfünfzig Farbbilder und Zeichnungen besitzt das österreichische Heeresmuseum.

Er war mit vielen Künstlern befreundet und schuf eindrucksvolle Porträts von Max Halbe, Gerhart Hauptmann, Dr. Seebohm und Conrad Muschler. Seine Freundschaft mit Hans Watzlik war besonders fruchtbar.

Seit 1908 lebte und wirkte er in München. 1943 ausgebombt, ein Teil seiner Bilder ging verloren, mußte er mit seiner kranken Frau in einer schlechten Unterkunft hausen. Nach dem Krieg schwieg man ihn lange Zeit zu Unrecht tot. Erst die letzten Lebensjahre brachten durch die Hilfe von Freunden, zu denen Herbert Wessely gehörte, wieder Erfolg.

1971 erhielt er endlich auch den sudetendeutschen großen Kulturpreis. Am 14. 9. 1976 starb er in Waldkraiburg.

559. Prof. Ferdinand Staeger: Bildnis Karl Postl – Charles Sealsfield
(1964 für die Ausstellung in Stuttgart zum 100. Todestag des Dichters)
*Das Original befindet sich im Südmährischen Landschaftsmuseum
in Geislingen (Steige)*

Die Südmährische Sing- und Spielschar

Seitdem sich, nach Krieg und Vertreibung, die Znaimer Wandervögel Hans Hengel, Herbert Wessely, Rudl Bar und Walter Gstettner wiedergefunden hatten, bewegte sie der Wunsch, eine neue Sing- und Spielschar zu gründen.

1952 am Sudetendeutschen Tag in Stuttgart wurde dies Wirklichkeit. Herbert Wessely sprach aus, was im Grunde alle Freunde dachten, daß es nach dem Verlust der Heimat und aller äußeren Güter verpflichtend ist, das kulturelle Erbe nicht nur zu erhalten, sondern es weitertragend auch zu gestalten.

Alle jungen Freunde stimmten dem Entschluß der Älteren begeistert zu. Nun begann bei monatlichen Wochenendtreffen, die sie von weitum im Lande zusammenführten, eine rege musische Tätigkeit. Diese erhielt aber erst Gewicht, als Hans Proksch die Chorleitung übernahm. Ihm, dem meisterlichen Dirigenten, gelang es bald, aus zusammengewürfelten Idealisten schon nach kurzer Zeit eine der namhaftesten Singscharen zu schaffen.

Die Zeittafel zeigt genau, über Jahrzehnte hin, was die diese sich stets erneuernde Schar zu leisten vermochte. Ihre musische Leistung und Ausstrahlung wurde nicht nur in Europa, sondern auch in Nordamerika und Brasilien begeistert aufgenommen. Gleichsam als „Singende Botschafter" eroberten sich unsere jungen Landsleute die Herzen der früheren Feinde.

Nach dem hochverdienten, meisterlichen ersten Chorleiter Hans Proksch folgte Widmar Hader als musikalischer Leiter. Als Komponist schuf er nicht nur mehrere Kantaten, sondern führte die Schar intensiver zur Instrumentalmusik hin.

Unsere Spielschar gestaltet als musischen Höhepunkt die Volkstumsabende bei unseren jährlichen Treffen in Geislingen. Sie sorgt auch für den festlichen Rahmen anderer Veranstaltungen und wirkt bei den Volkstumsabenden zu den Sudetendeutschen Tagen mit.

Zeittafel:
- 1952 Gründung am Sudetendeutschen Tag zu Pfingsten in Stuttgart
- 1953 1. Singwoche unter Leitung von Hans Proksch in Dinkelsbühl (1. Aufführung des Mahnspiels „Der Sensenschmied" v. H. W.)
- 1954 Finnlandfahrt auf Einladung der Karelischen Jugend. Leitung: R. Bar, H. Wessely
- 1961 1. Volkstumspreis des Sudetendeutschen Kulturpreises zum Sudetendeutschen Tag in Köln
- 1961 Norwegenfahrt. Leitung: Helmut Janku, Gottfried Till
- 1963 } Österreichfahrten. Leitung: Hans Proksch
- 1967 }
- 1969 Südtirol-Singfahrt. Leitung: Hans Proksch
- 1971 England-Singfahrt: Leitung: Widmar Hader und Wolfgang Proksch
- 1973 Fahrt in die Bretagne
- 1976 Brasilienfahrt zu deutschen Siedlern
- 1978 Reise nach Südmähren in die Heimat
- 1980 Reise durch Ungarn, Rumänien und Jugoslawien mit Chorsingen bei den Franziskanern in Dubrovnik und bei den Deutschen im Kanaltal. Auftritt im Italienischen Rundfunk.
- 1982 Begegnung mit den Nachkommen der Mährischen Brüdergemeinde (Moravians) in Pennsylvanien N.-Carolina mit Fernsehauftritt im College-Ville (Keltertanz und Ballett Vanité). Verleihung des Südmährischen Kulturpreises an die Südmährische Sing- und Spielschar.

561. Der Kreuzberg bei Drasenhofen – Klein-Schweinbarth (vgl. Bild 547). Das Denkmal unterhalb des Kreuzes für alle Toten Südmährens wurde am 1. Juni 1975 geweiht; es wurde dem Südmährischen Heldendenkmal bei der Rosenburg in den Pollauer Bergen nachgebildet, welches am 1. Juni 1925 feierlich enthüllt, aber 1945 von den Tschechen zerstört worden war.

Südmährische Gedenkstätten in Niederösterreich

562. Der Südmährische Hof im Weinviertler Museumsdorf in Niedersulz Bez. Mistelbach. Josef Czerny hat hier 1982 seinen Bauernhof in Neudek (Kr. Nikolsburg) original- und maßstabsgetreu nachgebaut. Er birgt ein südmährisches Heimatmuseum für die Heimatkreise Neubistritz, Zlabings, Znaim und Nikolsburg und für die deutschen Sprachinseln Mährens (Iglau, Brünn, Wischau) und der Slowakei

563. Denkmal der Marktgemeinde Unter-Tannowitz am Fuße des Kreuzberges, errichtet 1989

564. Heimatmuseum Thayaland in Laa a. d. Thaya, eröffnet 1986, eingerichtet von der Gemeinde Höflein

565. Denkmal der Marktgemeinde ▶ Joslowitz bei Zwingendorf

566. Denkmal der Marktgemeinde Wostitz in Staatz, errichtet 1987 ▼

568. Gedenkstätte der Gemeinde Erdberg in Pernhofen, ganz links der Gedenkstein der Gemeinde Klein-Grillowitz, errichtet 1989

567. Denkmal der Gemeinde Bratelsbrunn im Ortszentrum von Wildendürnbach, errichtet 1989

569. Gedenkstätte der Gemeinde Gerstenfeld auf dem Friedhof Hadres, errichtet 1987

570. Gedenkstätte der Gemeinde Groß-Tajax in Pernhofen.

571. Gedenkstein der Gemeinde Schaffa bei Langau, errichtet 1987

572. Denkmal des Heimatkreises Znaim bei Unterretzbach, errichtet 1980. Von seiner Plattform geht der Blick nach Norden ungehindert bis Znaim

◀

573. Gedenkkirchlein des Heimatkreises Zlabings bei Grossau

574. Gedenkstätte des Heimatkreises Zlabings bei Fratres, errichtet 1974
▼

575. Gedenktafel des Heimatkreises Neubistritz am Kriegerdenkmal in Haugschlag, errichtet 1971

576. Heimatstube des Heimatkreises Neubistritz in Reingers, errichtet 1982

577. Mahnmal des Heimatkreises Neubistritz in Reingers, errichtet 1965

NACHWORT

zur 1. Auflage (1967)

Das Gelingen des Bildbandes, der aus Gründen der Vollständigkeit um das Doppelte über den ursprünglich geplanten, rein künstlerisch gedachten Buchumfang hinauswuchs, ist nur durch die Mithilfe eines großen Kreises ehrenamtlicher Mitarbeiter möglich geworden. Ihnen allen sind wir zu größtem Dank verpflichtet, denn nur durch sie konnten alle Hindernisse überwunden und gemeistert werden, die sich dem Entstehen dieses südmährischen Gemeinschaftswerkes entgegenstellten.

An erster Stelle sei der stellvertretende Landschaftsbetreuer, Architekt Felix Bornemann, genannt, der nicht nur durch Beschaffung ausgezeichneter Bildunterlagen (für die Kreise Znaim und Nikolsburg), sondern auch durch Rat und Tat bei den Verhandlungen mit der Druckerei wesentlichen Beistand leistete.

Alle Vorarbeit, Sammlung und sorgfältige Sichtung des Bildmaterials für den Neubistritzer Kreis ist dem Landsmann F. J. Lache, Oberlehrer i. R., dem volkskundlichen Betreuer und Kenner seiner Heimatlandschaft zu danken.

Landsmann Franz Sprinzl, bekannt durch seine umfangreichen Bildbandveröffentlichungen über die Stadt Zlabings, hat uneigennützig sein bestes Material zur Verfügung gestellt und mit wertvollen Textunterlagen geholfen, das Renaissance-Kleinod seiner Heimatstadt und ihr Umland im Bilde darzustellen.

Landsmann Franz Komenda, Oberlehrer i. R., hat für den Nikolsburger Kreis zahlreiches Bildmaterial gesammelt und wesentliche literarische Unterlagen verschafft.

Dr. Hans Freising stellte eigene Lichtbilder zur Verfügung und half mit vielen fachlichen Hinweisen zum Gelingen des Werkes.

Die Landsleute Dr. Fritz Felzmann, Leopold Grech, Gerhard Haas, Dr. Richard Hofmann, Rudolf Kontner, Prof. Franz Lubik, Lukas Max, Karl Schwendt, Erich Sloschek, Dr. Ilse Tielsch, Karl Zobek und Martin Zoder halfen mit v. a. in Wort und Bild.

Oberstudienrat Walfried Blaschka hat in mühsamer Kleinarbeit nicht nur eine umfassende Übersicht der Orte Südmährens erstellt, er schuf außerdem die Geschichtstafel unseres Gebietes von der Besiedlung durch die Germanen bis in unsere Tage.

Den genannten und allen zahlreichen ungenannten Mitarbeitern, die zum Gelingen unseres Bildbandes beitrugen, sei von Herzen Dank gesagt.

Dem Landschaftsrat mit seinem Betreuer, Dipl.-Ing. Anton Seemann, verdanken wir durch die großzügige Planung und Unterstützung überhaupt die Verwirklichung des Bildbandes.

Buchdruckerei und Verlag Carinthia hat durch sorgfältige Durchführung des Druckes, der mit großem Einfühlungsvermögen der Vielfalt von Bild und Text Rechnung trägt, das möglichste getan.

Möge dieses Werk, das mit Bedacht „Südmähren, Antlitz einer deutschen Landschaft" genannt wurde, auch unseren Nachkommen mehr als ein Erinnerungsband sein.

Der Herausgeber

NACHWORT ZUR NEUAUFLAGE

Nun ist es Wirklichkeit geworden, daß unser vor zwei Jahrzehnten entstandener Bildband neu herausgegeben wird.

Inzwischen haben viele der damaligen Mitarbeiter und Träger südmährischer Preise die Feder für immer aus der Hand gelegt. Ich fühle mich ihnen so tief verbunden, daß ich mich entschloß, im Anhang des Buches, oder wo es möglich war, an geeigneter Stelle kurzgefaßte Würdigungen anzufügen, die ihre Leistungen für Heimat und Volk darlegen.

Es ist eine Ehrentafel verdienter Südmährer, auf die wir stolz sein können. Ob Landwirt, Lehrer, Doktor oder Künstler, sie waren alle, ohne Vorbehalt, dem Heimatgedanken und der Pflege des stammlichen Kulturgutes erhaltend und gestaltend verbunden. Ehre ihrem Andenken!

Kleine Mängel der 1. Auflage, durch fehlerhafte Unterlagen bedingt, konnten verbessert werden. Auch damals unerreichbare Lichtbilder einiger weniger Ortsansichten, wurden nun ergänzend eingefügt.

Meinem Freunde Oberstudiendirektor Walfried Blaschka gebührt für die Erstellung des Bildregisters besonderer Dank.

Es ist mir als Herausgeber ein Bedürfnis, den Heimatfreunden des Südmährischen Landschaftsrates, vor allem aber dem Sprecher und Landschaftsbetreuer, Franz Longin, für diesen Entschluß zu danken. Sie haben damit einem vielseitigen Wunsch, der vor allem die jüngeren Landsleute bewegte, mutig Rechnung getragen. Für mich selbst ist es eine große Anerkennung für ein gelungenes Werk, das viel Arbeit und Sorge, aber auch Freude bedeutete.

Karlsruhe, Frühling 1986   In Heimattreue
                                                        Euer Herbert Wessely

Literarischer Quellennachweis:

1. Südmährisches Heimatbuch (für Volk und Schule)
Verlag A. Bartosch, Nikolsburg 1922
Aus dem II. Teil:
Ortsbeschreibungen
von Dir. F. Netouschek und
„Stadt Zlabings"
von Dr. Hans Reutter;
aus dem III. Teil:
„Die Sprache unserer Bauern"
von Dr. Karl Bacher und
„Aus südmährischer Spruchweisheit"
von Prof. Josef Spandl;
aus dem IV. Teil: Nikolsburg;
aus dem V. Teil: Feldsberg;
aus dem VI. Teil: Auspitz, und
aus dem VII. Teil: Pohrlitz.

2. Aus „Heimat Südmähren",
herausgegeben von Matthias Krebs:
„Naturgeschichtliche Bilder"
von Mittelschuldirektor Matthias Krebs

„Die Besiedlung des Neubistritzer und
Zlabingser Raumes"
von Oberlehrer Rudolf Hruschka
„Die Ortsnamen Südmährens"
von Prof. Dr. Franz J. Beranek
„Sage und Wahrheit über die Herkunft
der Witigonen"
von Oberlehrer Josef F. Lache.

„Die Entwicklung des Schloßbaues in
Südmähren und Südböhmen"
von Dr. Dr. Richard Donin.

Aus „Geschichte der Stadt Feldsberg"
von Karl Höß. Feldsberg, 1902.

Aus dem Bildband:
„Verlorene Heimat" ‚Zlabings'
von Franz Sprinzl.

Aus den Rundfunksendungen „Südmähren" und
„Ein südmährischer Tag" im Süddeutschen Rundfunk von Herbert Wessely.

Lichtbildnachweis:

Univ.-Prof. Dr. Karl Absalon: Bild Nr. 537, 539, 540

Dr. Assien Bohmers: Bild Nr. 427, 428

J. Berghart: Bild Nr. 188

Fritz Czyharz: Bild Nr. 189, 201

Bildarchiv Foto Marburg:

Bild Nr.					
159 — 139 254	191 — 139 256		419 — 139 203	466 — 139 149
161 — 139 259	192 — 139 266		423 — 139 207	484 — 139 536
162 — 139 261	289 — 139 191		448 — 139 147	517 — 139 596
166 — 139 226	291 — 139 192		451 — 139 148	521 — 139 597
169 — 139 270	292 — 139 193		462 — 139 152	535 — 139 223
170 — 139 263	293 — 139 194		465 — 139 150	536 — 139 221
173 — 139 268	415 — 139 209			
174 — 139 262	416 — 139 200			
175 — 139 269	417 — 139 210			
183 — 139 248	418 — 139 195			

Karl Nather: Bild Nr. 158, 160, 224, 225, 227, 228, 229, 241, 242, 245, 254, 274, 319, 321, 482

Prof. Rudolf Zima: Bild Nr. 179, 190, 195, 231, 234, 303, 317, 332, 364, 365

BILDREGISTER (Die Zahlen bezeichnen die Bildnummern)

1. Orte

Adamsfreiheit (Neubistritz) 13–16
Albern (Neubistritz) 17
Althart (Zlabings) 126, 127
Althütten (Neubistritz) 18
Altschallersdorf (Znaim) 270
Altstadt (Neubistritz) 19–21
Aschmeritz (bei Mähr. Kromau) 366
Auern (Neubistritz) 22
Auspitz 429–431, 434, 435
Bergen (Nikolsburg) 433, 436
Blauenschlag (Neubistritz) 23, 24
Böhmisch-Bernschlag (Neubistritz) 25
Böhmisch-Rudoletz (Zlabings) 148
Bratelsbrunn (Nikolsburg) 437
Buchen (Neubistritz) 26, 27
Chwallatitz (Znaim) 247
Damitz (bei Mähr. Kromau) 367
Deutsch-Bernschlag (Neubistritz) 30
Deutsch-Konitz (Znaim) 274
Deutsch-Moliken (Neubistritz) 29, 32
Dietreichs, Ortsteil von Kain (Neubistritz) 31
Dobroten (Neubistritz) 33
Dörflitz (Znaim) 272
Döschen (Zlabings) 128
Dornfeld (Nikolsburg) 438
Dürnholz (Nikolsburg) 439–446
Edelspitz (Znaim) 220, 271
Edenthurn (Znaim) 249
Eisgrub (Nikolsburg) 447–451
Erdberg (Znaim) 327–331
Feldsberg 454–467
Frain 229–240
Frainersdorf (Znaim) 275a
Frainspitz (Nikolsburg) 452
Fratting (Zlabings) 156, 157
Freistein (Znaim) 244, 245
Frischau (Znaim) 334, 335
Fröllersdorf (Nikolsburg) 453
Garschönthal (Nikolsburg) 468
Gatterschlag (Neubistritz) 35, 36
Gebharz (Neubistritz) 37
Gerstenfeld (Znaim) 277
Gnadlersdorf (Znaim) 278
Gottschallings (Neubistritz) 38
Grafendorf (Znaim) 338
Grambach (Neubistritz) 39
Großgrillowitz (Znaim) 337, 339
Großolkowitz (Znaim) 279, 280
Großrammerschlag (Neubistritz) 40
Großsteurowitz (Nikolsburg) 526
Großtajax (Znaim) 336, 340–342
Gubschitz (bei Mähr. Kromau) 374
Guldenfurt (Nikolsburg) 469, 471
Gurdau (Nikolsburg) 472, 473
Gurwitz (Znaim) 282, 284
Guttenbrunn (Neubistritz) 43
Guttenfeld (Nikolsburg) 470
Hafnerluden (bei Frain) 250
Heinrichschlag (Neubistritz) 42, 46
Hödnitz (Znaim) 283, 285
Höflein (Znaim) 349, 354
Holleschitz (Zlabings) 129
Hosterlitz (Znaim) 369

Hosterschlag (Neubistritz) 45
Hostes (Zlabings) 130
Irritz (bei Mähr. Kromau) 368, 372
Joslowitz (Znaim) 347, 348
Kaidling (Znaim) 281
Kain (Neubistritz) 47
Kallendorf (Znaim) 286
Kaltenbrunn (Neubistritz) 48
Kaschnitzfeld (bei Mähr. Kromau) 392
Kleingrillowitz (Znaim) 355
Kleinniemtschitz (Nikolsburg) 474
Kleinolkowitz (Znaim) 353
Kleinrammerschlag (Neubistritz) 41
Kleinseelowitz (bei Mähr. Kromau) 371, 377, 401
Kleintajax (Znaim) 288
Kleinteßwitz (Znaim) 287
Klentnitz (Nikolsburg) 475, 476
Kloster, Ortsteil von Konrads (Neubistritz) 49–55
Köpferschlag (Neubistritz) 56
Kodau (bei Mähr. Kromau) 394
Konrads (Neubistritz) 57
Kreuzberg bei Nikolsburg, Heimatdenkmal 547
Kunas (Neubistritz) 58
Kuprowitz (Nikolsburg) 477
Kurlupp (bei Frain) 251
Laatz (Nikolsburg) 481
Landschau (bei Frain) 252
Laskes (Zlabings) 132
Lechwitz (Znaim) 289, 290
Leipertitz (Nikolsburg) 482
Lexnitz, Ortsteil von Zlabings 133
Lidhersch (Zlabings) 134–136
Lidmeritz (bei Mähr. Kromau) 373
Liliendorf (bei Frain) 253
Lipolz (Zlabings) 137
Lodenitz (Nikolsburg) 483, 484
Luggau (bei Frain) 254
Lundenburg 485–487, 489
Mährisch-Kromau 375, 378–384
Maires (Zlabings) 138
Malspitz (Nikolsburg) 490
Mariahilf (Nikolsburg) 491, 491a
Markel (Neubistritz) 59–61
Miezmanns (Znaim) 352
Milleschitz (bei Frain) 255
Millowitz (Nikolsburg) 492, 493
Mißlitz (bei Mähr. Kromau) 387–389, 391
Modes (Zlabings) 140
Mödlau (Nikolsburg) 495
Mohleis (Nikolsburg) 494
Moskowitz (Znaim) 356
Mühlfraun (Znaim) 291–294
Münichschlag (Neubistritz) 62
Muschau (Nikolsburg) 496–498
Mutten (Zlabings) 142
Muttischen (Zlabings) 143
Naschetitz (Znaim) 295
Nespitz (bei Frain) 257
Neubistritz 1–12, 86
Neudek (Neubistritz) 63
Neudek (Nikolsburg) 499
Neuhäusel/Thaya (Znaim) 227, 228
Neuhaus, Stadt 64, 65

Neumühl (Nikolsburg) 501
Neumühlen (Znaim) 225
Neupetrein (bei Frain) 256
Neusiedl (Nikolsburg) 500
Neustift (Neubistritz) 28, 66, 67
Niederbaumgarten (Neubistritz) 69, 70
Niedermühl (Neubistritz) 68
Nikolsburg 403, 414–428
Nispitz (Znaim) 370
Oberbaumgarten (Neubistritz) 71, 72
Oberfröschau (bei Frain) 258
Oberwisternitz (Nikolsburg) 502, 509
Oblas (Znaim) 296
Odrowitz (Nikolsburg) 503
Ottenschlag (Neubistritz) 73
Panditz (Znaim) 298
Pardorf (Nikolsburg) 504
Pausram, Markt (Nikolsburg) 505
Piesling (Zlabings) 145
Pohrlitz 517, 518, 520
Pollau (Nikolsburg) 506
Pollauer Berge 478–480, 507–513
Pomitsch (bei Frain) 259
Poppitz (Nikolsburg) 514–516, 519
Poppitz (Znaim) 299–302
Possitz (Znaim) 357
Prahlitz (Nikolsburg) 522
Pratsch (Znaim) 304
Prittlach (Nikolsburg) 521
Probitz (Znaim) 358
Proßmeritz (Znaim) 305, 306
Pulgram (Nikolsburg) 524
Pumlitz (Znaim) 307
Qualitzen (Zlabings) 146
Qualkowitz [Kalkwiesen] (Zlabings) 131
Radeinles (Neubistritz) 74
Ranzern (Zlabings) 147
Rausenbruck (Znaim) 308, 310
Reichers (Neubistritz) 75
Reingers/NÖ., Patengemeinde von Neubistritz 85
Riegerschlag (Neubistritz) 76
Ruttenschlag (Neubistritz) 77
Saitz (Nikolsburg) 525
Schaffa, Markt (bei Frain) 260
Schakwitz (Znaim) 309
Schamers (Neubistritz) 78–81
Schattau (Znaim) 311–313
Schiltern (bei Frain) 261, 262
Schömitz (Nikolsburg) 521a
Schönau (Znaim) 361
Schönborn (Neubistritz) 82
Schönwald (bei Frain) 263
Selletitz (Znaim) 314–316
Sichelbach (Neubistritz) 44, 83
Sitzgras (Zlabings) 149, 150
Slawathen [Mittelfeld] 139
Socherl (bei Mähr. Kromau) 395
Stallek (Zlabings) 151
Stallek (bei Frain) 264
Taßwitz (Znaim) 317–321
Teßwitz an der Wiese (Znaim) 322
Tieberschlag (Neubistritz) 84
Tiefenbach (Zlabings) 152
Töstitz (Znaim) 323
Tracht (Nikolsburg) 527, 528
Treskowitz (Nikolsburg) 523

Tullnitz (bei Mähr. Kromau) 397
Ulrichschlag (Neubistritz) 87
Ungarschitz (bei Frain) 265–267
Untertannowitz (Nikolsburg) 529–531, 533
Unterthemenau (Nikolsburg) 532
Unterwisternitz (Nikolsburg) 534–540
Urbantsch (Zlabings) 153
Urbau (Znaim) 324
Urspitz (Nikolsburg) 541
Urwitz (Zlabings) 154
Vöttau (bei Frain) 243
Voitelsbrunn (Nikolsburg) 542
Wainitz (Znaim) 325
Waltrowitz (Znaim) 359
Weißstätten (Nikolsburg) 543
Wenkerschlag (Neubistritz) 88
Windschau (bei Frain) 269
Wispitz (Zlabings) 155
Wittingau (Neubistritz) 89
Woikowitz (Nikolsburg) 544
Wolframitz (bei Mähr. Kromau) 390, 393, 396, 399, 400
Wostitz (Nikolsburg) 545, 546
Zinolten (Neubistritz) 90
Zlabings 91–125
Znaim 158–203, 221
Znaim-Klosterbruck 213–219
Znaim-Pöltenberg 303
Znaim, Thayatal 222–224, 226
Zornstein (bei Frain) 241, 242
Zulb (Znaim) 362, 363

2. Personen

Anderle, Johann Gabriel, Schriftsteller
   (1899–1954) 125d
Bacher, Dr. Karl, Mundartdichter (1884–1954) 360
Deimel, Dr. Theodor, Schriftsteller
   (1866–1952) 125b
Dietrichstein, Franz von, Kardinal (1599–1636) 404
Felzmann, Dr. Fritz, Schriftsteller (1895–1980) 432
Freising, Dr. Hans, Vorgeschichtsforscher
   (1905–1977) 553
Freising, Josef, Heimatforscher, „Turnvater
   Südmährens" (1875–1971) 409
Grech, Leopold, Heimatforscher (1900–1981) 554
Hofbauer, Clemens Maria, Heiliger (1751–1820) 321
Holik, Dr. Josef, Wirtschaftsfachmann
   (1902–1973) 551
Hollmann, Ernest, Dichter (1884–1945) 552
Hruschka, Rudolf, Heimatforscher (1881–1961) 125c
Kreuzer, Dr. Anton, Geschichtsforscher
   (1909–1977) 548
Lache, Josef F., Heimatforscher (1887–1979) 549
Ladner, Anton, Heimatforscher (1897–1972) 550
Lauche, Wilhelm, fürstl. Hofgartendirektor
   (1859–1950) 410
Lederer, Prof. Dr. Hugo, Bildhauer (1871–1940) 206
Liechtenstein, Fürst Johann II. (1840–1929) 405
Luksch, Josef, Politiker (1862–1936) 411
Max, Wenzel, Volksliedforscher (1898–1982) 555
Meister, Prof. Dr. Richard, Präsident d. österr.
   Akademie d. Wissensch. (1881–1964) 205
Müller-Lützenburger, Paula, Malerin
   (1888–1951) 556

Müllner, Franz, Dichter (1899–1974) 557
Paracelsus, Philippus Theophrastus, Arzt
  (1493–1541) 376
Pock, Prof. Alexander, Maler (1871–1950) 211
Postl, Karl (Charles Sealsfield), Schriftsteller
  (1793–1864) 559
Raus, Erhard, Generaloberst (1889–1956) 398
Renner, Dr. Karl, österr. Bundespräsident
  (1870–1950) 412
Reutter, Dr. Johannes, Historiker (1884–1950) 125a
Ringler, Prof. Sepp, Maler (1887–1970) 530a
Ringler-Kellner, Ilse, Dichterin (1894–1958) 408
Schärf, Dr. Adolf, österr. Bundespräsident
  (1890–1965) 341, 413
Schwendt, Karl, Dichter (1906–1971) 488
Sloschek, Erich, Schriftsteller (1897–1970) 374a
Soukup, Martin, Politiker (1853–1925) 34
Spengler, Dr. Erich, Professor (1886–1962) 204
Staeger, Prof. Ferdinand (1880–1976) 558
Thuma, Carl Maria, Maler (1870–1925) 406, 407
Südmährische Sing- und Spielschar 560

3. Sachen

Dreschen 365
Erdstall 320
Feldarbeit 332, 333, 364
Fischfang 35, 36
Nachtwächterruf 122
Ratschenbuben 275
Saatreiten (Osterreiten) 141
Trachten 79, 219, 328, 491a
Vorgeschichtliche Funde 537–540
Weinkostprobe 276, 297, 345
Weinlese 312, 326, 350, 351

Weinpresse 330
Wild 385, 386
Wintervergnügen 273

4. Gedenkstätten

Bratelsbrunn 567
Drasenhofen/NÖ. 561, 563
Erdberg 568
Fratres/NÖ. 574
Gerstenfeld 569
Grossau/NÖ. 573
Groß-Tajax 570
Hadres/NÖ. 569
Haugschlag/NÖ. 575
Joslowitz 565
Klein-Grillowitz 568
Kreuzberg/NÖ. 561, 563
Laa a. d. Thaya/NÖ. 564
Langau/NÖ. 571
Neubistritz 575, 576, 577
Neudek (Nikolsburg) 562
Niedersulz/NÖ. 562
Pernhofen/NÖ. 568, 570
Reingers/NÖ. 576, 577
Schaffa 571
Staatz/NÖ. 566
Unterretzbach/NÖ. 572
Unter-Tannowitz 563
Wildendürnbach/NÖ. 567
Wostitz 566
Zlabings 573, 574
Znaim 572
Zwingendorf/NÖ. 565